O profissional de
Recursos Humanos

Dados Internacionais de Catalogação na Publicação (CIP)
(Simone M. P. Vieira - CRB 8ª/4771)

D´Elia, Beatrice Boechat
O profissional de recursos humanos / Beatrice Boechat D´Elia. – São Paulo : Editora Senac São Paulo, 2021.

Bibliografia.
ISBN 978-65-5536-690-7 (Impresso/2021)
e-ISBN 978-65-5536-691-4 (ePub/2021)
e-ISBN 978-65-5536-692-1 (PDF/2021)

1. Recursos Humanos : Administração 2. Administração de pessoal 3. Gestão de pessoas I. Título.

21-1299t
CDD – 658.3
BISAC BUS030000

Índice para catálogo sistemático:
1. Recursos Humanos : Administração 658.3

O profissional de
Recursos Humanos

Beatrice Boechat D'Elia

Editora Senac São Paulo – São Paulo – 2021

ADMINISTRAÇÃO REGIONAL DO SENAC NO ESTADO DE SÃO PAULO
Presidente do Conselho Regional: Abram Szajman
Diretor do Departamento Regional: Luiz Francisco de A. Salgado
Superintendente Universitário e de Desenvolvimento: Luiz Carlos Dourado

EDITORA SENAC SÃO PAULO
Conselho Editorial: Luiz Francisco de A. Salgado
Luiz Carlos Dourado
Darcio Sayad Maia
Lucila Mara Sbrana Sciotti
Luís Américo Tousi Botelho

Gerente/Publisher: Luís Américo Tousi Botelho
Coordenação Editorial: Ricardo Diana
Prospecção: Dolores Crisci Manzano
Administrativo: Verônica Pirani de Oliveira
Comercial: Aldair Novais Pereira

Edição e Preparação de Texto: Rafael Barcellos Machado
Coordenação de Revisão de Texto: Luiza Elena Luchini
Revisão de Texto: Sandra Regina Fernandes, Patricia B. Almeida
Projeto Gráfico, Capa e Editoração Eletrônica: Veridiana Freitas
Imagem de Capa: iStock
Coordenação de E-books: Rodolfo Santana
Impressão e Acabamento: Gráfica Visão

Proibida a reprodução sem autorização expressa.
Todos os direitos desta edição reservados à

EDITORA SENAC SÃO PAULO
Av. Engenheiro Eusébio Stevaux, 823 – Prédio Editora – Jurubatuba
CEP 04696-000 – São Paulo – SP
Tel. (11) 2187-4450
editora@sp.senac.br
https://www.editorasenacsp.com.br

© Editora Senac São Paulo, 2021

SUMÁRIO

Nota do editor 7

Agradecimentos 9

1 O que é gestão de pessoas 11
A transformação da área de GP 15
A hora e a vez do modelo de gestão por competências 25

2 Atração e seleção 37
O que envolve o recrutamento de pessoas? 42
Técnicas de seleção de candidatos 49
Final do processo seletivo 56
Pensando no futuro 59

3 Capacitação e desenvolvimento 63
Uma diferenciação necessária 66
Estratégia de capacitação e desenvolvimento 76
Metodologias para capacitar e desenvolver pessoas 90

4 **Avaliação de desempenho** 103
O que é desempenho? 105
Sistema integrado de gestão do desempenho 123
Como dar feedback 131

5 **Carreira, cargos e salários** 139
Tendências atuais 145
Cargos e salários 153

6 **Gestão da mudança organizacional** 165
Por que a mudança organizacional é necessária? 168

7 **Saúde e segurança do trabalho** 199
O universo da S&S 202
GP e S&S 219

Referências 225
Sugestões de leitura complementar 227

Índice geral 229

NOTA DO EDITOR

Você já deve ter ouvido falar que o bem mais precioso de uma empresa são seus funcionários, pois constituem o seu capital humano, seu capital intelectual. Afinal, sem as pessoas e seus talentos, a organização dificilmente conseguiria fazer algo relevante e significativo para a sociedade.

Esse pensamento também é cultivado pela autora Beatrice Boechat D'Elia, que destaca a necessidade de uma atuação mais estratégica da área de Recursos Humanos, capaz de entender como as técnicas, ferramentas e recursos disponíveis podem ser melhor aproveitados, a fim de contribuir não só para o sucesso do negócio, mas também para o bem-estar e o crescimento daqueles que nele trabalham. Na visão da autora, é importante buscar o alinhamento entre os propósitos da empresa e os propósitos de seus funcionários. Pois a organização se beneficia muito quando busca atrair e reter talentos que contribuam para sua expansão, ao mesmo tempo em que fornece a esses talentos oportunidades de capacitação, para que cresçam profissionalmente e como indivíduos.

Assim, analisando com maestria e profundidade a área de Recursos Humanos, a autora mostra como é possível gerir pessoas de uma maneira profundamente humana e fazer a diferença no meio empresarial e na esfera pessoal de cada funcionário.

AGRADECIMENTOS

São inúmeras as pessoas que me ajudaram neste meu primeiro livro "solo", as quais trouxeram vivacidade a *O profissional de recursos humanos*.

Agradeço aos profissionais e empresários que aceitaram gentilmente ceder depoimentos e, assim, dar contribuições preciosas de caráter prático e teórico. Allan Silva de Faria, Álvaro Camargo, Felipe Reis, Hugo Swerts Gavinho Vianna Vasconcelos e Marcela Castro.

Aos meus alunos, professores, clientes e colegas de consultoria e de docência, que abrem cotidianamente seus próprios "portais" e, assim, permitem que eu recicle conhecimentos, habilidades e atitudes. Obrigada por me apoiarem na difícil tarefa de *reaprender*, e de *reaprender a aprender*.

Ao estrategista e educador Oscar Motomura, pessoa ímpar, que há décadas se debruça com afinco e excelência sobre quebra de paradigmas e surgimento de novos mindsets em gestão e liderança. Obrigada pelo impacto positivo sobre mim e sobre centenas de pessoas de organizações brasileiras públicas e privadas.

Ao mestre Domenico De Masi, com quem estudei e convivi por um ano em Roma: obrigada pelas suas obras em sociologia do trabalho e por marcar, desde 2005, a minha visão de mundo acerca do papel da área de gestão de pessoas e da criatividade no desenvolvimento humano.

A Agnes Bustorff, André Barcaui, Allex Jardim da Fonseca, André Carvalho Neto, Carlos Alberto dos Santos, Benno Sander, Claudia Santiago, D'Arthagnan Vasconcellos, Davi Quintiere, Edmarson Bacelar Mota, Gerson Joner da Silveira, Hugo e Daniel Boechat Andrade, Humberto Innecco, Irene Carmen Carvalho, João Baptista Vilhena, Julio Oliveira, Luiz Calado, Marcia Guarischi, Marcio Schieffer, Marcus Acioly, Miguel Serpa Pereira, Raymundo Magliano Neto, Rodrigo Lourega, Simone Carneiro Reis, Silvino José Fritzen (Irmão Amadeu), Tamara Fundão Pacheco da Costa, pela importância que têm em minha vida. Cada um deles sabe o motivo pelo qual está presente nesta página, colorindo meu passado, meu presente – e, certamente – meu futuro.

Ao amigo e mestre Clóvis Silva de Souza, por me ensinar tanto e com tanto humor sobre o Brasil, brasilidade e filosofia – mas, sobretudo, sobre amizade, uma das mais belas formas de amor.

Aos meus ancestrais, aos meus familiares, especialmente meus pais, Pasquale e Cândida; meu irmão, Thiago; e meus padrinhos, Letícia e Emmanuel, por serem fonte de tanto carinho incondicional.

A Helena Fernandes Boechat D'Elia, por ser tão pequena e já tão grande. Obrigada pelo seu riso fácil e por ser, desde 2018, um novo sopro de inspiração, fonte de tanta vida.

Meu maior desejo é que esta obra seja uma contribuição ao desenvolvimento do país, em especial dos profissionais de RH, que constroem e reconstroem diariamente as empresas brasileiras, cuidando do que elas têm de mais precioso: seu capital humano.

1 O QUE É
GESTÃO DE PESSOAS

Ao gerenciar pessoas, não estamos lidando com seres inanimados, como uma casa, uma geladeira, um carro, mas sim interagindo com o único ser racional do planeta: o ser humano, que possui também uma incrível diversidade de emoções e sentimentos: alegria, êxtase, tristeza, melancolia, ansiedade, medo, aversão, raiva, asco, entre tantas outras.

Desde seu primeiro passo dentro de uma empresa, você, futuro profissional de RH, deve ter consciência de que cada funcionário à sua volta traz em si uma bagagem diferenciada, formada pelo contexto familiar, pelo modo como foi educado desde a infância, pelos traços de personalidade herdados geneticamente ou formados socialmente, por suas conquistas e pelas adversidades e traumas pelos quais passou. E não é só isso! A pluralidade humana inclui ainda fatores culturais, como os hábitos e costumes da cidade e do país onde se nasceu e em que se vive.

Você já pensou nisso tudo junto e misturado em uma única empresa, seja ela de pequeno, médio ou grande porte? Ao mesmo tempo em que são necessárias técnicas consolidadas para gerir pessoas – assunto que veremos mais à frente –, é preciso ter muita sensibilidade, não é mesmo?

Gerir pessoas não é algo totalmente previsível, nem uma ciência exata. Apesar disso, os conhecimentos e as técnicas com que você terá contato neste livro são uma ferramenta útil para auxiliar a administrar com mais eficiência e eficácia o universo das pessoas. Nas palavras do autor austríaco Peter Drucker: "A tarefa da gestão é fazer com que as pessoas sejam capazes de trabalhar em conjunto; é tornar as suas forças eficazes, e as suas fraquezas, irrelevantes" (DRUCKER *apud* SILVERSTEIN, 2011, p. 11).

Em sua opinião, qual é a palavra principal dessa frase, dita por um dos maiores mestres da administração? Você acertou se escolheu "pessoas". É por isso que dizemos que são as pessoas que fazem tudo acontecer, e administrá-las é um desafio que requer um misto de técnica e sensibilidade.

Atualmente, um discurso muito usado nas empresas é que as pessoas são o seu bem mais valioso. Pense, então, em uma organização como o Google. Será que o principal produto dessa empresa – um mecanismo de busca simples, objetivo e rápido – teria vindo ao mundo sem a inteligência e a criatividade das pessoas que lá trabalham? Sem seus funcionários, essa organização teria sido capaz de criar ferramentas como Google Maps, Gmail, Google AdWords, Google Images, Google Search Appliance? Note que esses são apenas alguns dos serviços dessa empresa fundada em 1998, nos Estados Unidos, e que, apesar do pouco tempo de vida, é considerada uma das mais valiosas do mundo.

O que seria de um prédio com salas, baias, elevadores, computadores com os mais avançados recursos, sala de jogos e de descanso sem as pessoas? Ou melhor, sem pessoas excelentes. Absolutamente nada... São as pessoas que dão vida à tecnologia e aos processos.

Certa vez, Walt Disney, o fundador do império Disney, declarou: "Você pode sonhar, projetar, criar e construir o lugar mais maravilhoso do mundo, mas é preciso pessoas para tornar o sonho realidade" (NADER, 2014, p. 169). Assim, as empresas devem encontrar e mobilizar as pessoas certas para obter delas comprometimento, motivação, entusiasmo. É preciso que os funcionários estejam nas empresas de corpo e alma, explorando todas as suas potencialidades. É por isso que, em um cenário globalizado, instável e fortemente concorrencial como o atual, organizações de todos os portes investem tempo e dinheiro nas seguintes ações:

- **Atração e seleção de pessoas talentosas:** para formar uma equipe competente, que crie valor para a empresa.
- **Treinamento (capacitação) e desenvolvimento:** para que as pessoas não só ampliem suas competências atuais, mas também desenvolvam outras. Afinal de contas, tudo muda o tempo todo neste mundo dinâmico.
- **Integração e retenção de talentos:** para que as pessoas não migrem de uma empresa para outra, levando para um concorrente todo o conjunto de conhecimentos, habilidades e atitudes que desenvolveu.
- **Promoção da qualidade de vida, saúde e segurança:** para zelar pela vida das pessoas e cuidar do seu bem-estar.
- **Desenvolvimento de uma cultura aberta:** para que haja um ambiente em que sejam bem-vindos os líderes (gestores) inspiradores, a participação e a opinião dos funcionários, o trabalho em equipe (colaborativo), a comunicação transparente, o compartilhamento do conhecimento, a mudança constante, a aceitação da diversidade (raça, cor, sexo, sexualidade, etc.) e a inclusão social.
- **Desenvolvimento de um clima organizacional positivo:** para monitorar periodicamente o nível de satisfação dos funcionários, pois se eles se sentirem motivados é mais provável que estejam abertos a metas cada vez mais desafiadoras.

▌ **Promoção da responsabilidade social e ambiental:** para ter uma gestão que respeite a sociedade e os recursos do meio ambiente.

Todas essas ações fazem parte do universo da gestão de pessoas (GP), ou seja, do processo de gerir pessoas. Nas palavras de especialistas no tema: "A gestão de pessoas é a função que permite a colaboração eficaz de pessoas – empregados, funcionários, recursos humanos, talentos ou qualquer denominação utilizada – para alcançar os objetivos organizacionais e individuais" (CHIAVENATO, 2004, p. 10).

Perceba que gerir pessoas implica a busca do equilíbrio entre os objetivos da empresa e os objetivos do indivíduo. Passamos a maior parte do dia no trabalho, por isso ele tem que fazer sentido em nossa vida, tem que nos proporcionar satisfação e a concretização de nossos planos. Ao mesmo tempo, a empresa precisa alcançar sua missão, sobreviver no mercado e expandir sua atuação, atendendo às demandas de seus fundadores, acionistas e dirigentes. Ou seja, a empresa também tem seus objetivos e metas, como crescer 20% no prazo de um ano, aumentar a lucratividade em 50% em cinco anos, etc. Como profissional de RH, você verá como o alinhamento das necessidades da empresa e de seus funcionários é dinâmico e complexo, pois os dois lados têm que estar satisfeitos.

Outro ponto de que não devemos nos esquecer é que a GP é uma atividade que não deve ser executada apenas pelo pessoal do departamento ou área de RH: espera-se que gerir pessoas seja uma atividade diária de todos os gestores de área em uma organização, seja em marketing, vendas, contabilidade, logística ou operações. Líderes de área, ao lado do RH, devem participar do processo de seleção e de avaliação dos membros da sua equipe, além de ficar atentos às suas necessidades de desenvolvimento e gerir questões e problemas cotidianos com maestria. Eles devem cuidar de sua equipe, e não delegar esse cuidado ao RH. Por conviverem diariamente com os colaboradores, são os gestores que devem conhecer profundamente cada membro de sua equipe.

Como técnico de RH, seu papel será o de auxiliar analistas, coordenadores, supervisores e gerentes a fazer com que o processo de gestão dos funcionários da organização seja bem-sucedido. Você contribui para que essa verdadeira orquestra, composta de tantas pessoas, faça diariamente um bom espetáculo.

Ao aplicar diversos procedimentos da administração de recursos humanos, o profissional de RH torna-se um parceiro dos funcionários, contribuindo para que atuem com motivação. Dessa forma, todos são responsáveis por atender às necessidades da empresa – seja ela pública, privada ou do terceiro setor – e por fazê-la atingir os resultados desejados.

A transformação da área de GP

Desde o século XX, a área de RH vem passando por profundas transformações, que resultaram em mudanças relevantes na sua filosofia de atuação. Segundo Chiavenato (2004, p. 41), as três eras empresariais ao longo do século passado – Industrialização Clássica, Industrialização Neoclássica e Era do Conhecimento – mostraram diferentes formas de lidar com as pessoas dentro das organizações. Em outras palavras, em cada um desses três momentos históricos, "gerir pessoas" significou olhar para o ser humano e atuar sobre ele de maneiras muito diferentes.

Desde o início da década de 1990 vivemos na Era do Conhecimento. Preferimos usar essa expressão em vez de Era da Informação, porque hoje a informação está amplamente disponível: basta acessar a internet que encontramos, por exemplo, o número de pessoas que moram em Santos e a percentagem dos habitantes dessa cidade que usam o serviço de lavanderia. Portanto, o que vai diferenciar uma empresa de outra não é a informação, que pode ser facilmente encontrada, mas o que se faz com ela. Se uma empresa, ao saber dos dados sobre o uso de lavanderias na cidade de Santos, criar um serviço de lavagem de roupas de alta qualidade, ágil e por um bom preço, certamente atrairá pessoas que, por algum motivo, preferem não lavar roupa em casa. Em outras palavras, ela transformará informação em "conhecimento".

Uma das principais características da era em que estamos imersos são as mudanças – que se tornaram rápidas e imprevisíveis. Tudo ficou muito mais complexo, pela multiplicidade das variáveis e pela velocidade das mudanças. A tecnologia da informação, ao integrar multiplataformas como a televisão, o telefone e o computador, trouxe diversos desdobramentos. Você já pensou em como os smartphones revolucionaram o trabalho e a forma de lidar com o tempo? Notou como é difícil delimitar o término da jornada de trabalho e o começo do tempo livre quando se recebem e-mails e mensagens instantâneas 24 horas por dia, sete dias por semana?

É chegada a vez do conhecimento, da criatividade – e da agilidade das empresas que querem não só sobreviver no mercado, mas estar à frente de seus pares. Não basta ser bom e fazer o básico, como no passado, com poucos concorrentes: a empresa tem que ser excelente.

Foi na Era do Conhecimento que a área de GP ganhou diversas denominações: gestão de talentos, gestão de parceiros, gestão do capital humano, administração do capital intelectual, área de desenvolvimento humano e profissional ou, ainda, gestão com pessoas (DAVEL; VERGARA, 2012). No cenário atual, as pessoas são encaradas como seres pensantes, únicos, cuja capacidade crítica e criatividade devem ser bem vistas por trazer para as empresas uma infinidade de competências. Em resumo, as pessoas são consideradas talentos. E o fato de serem seres racionais e emocionais é levado em consideração – algo que não acontecia no passado. As empresas, hoje, buscam cada vez mais uma arquitetura enxuta: diminuir seus níveis hierárquicos, em um processo denominado "horizontalização" ou "achatamento". Nesse contexto, ganha destaque não só o trabalho em equipe, mas também a presença de líderes-gestores inspiradores, capazes de atuar com diferentes tipos de pessoas e extrair o melhor de cada uma delas. A comunicação dentro das empresas deve fluir em todas as direções, porque agora compartilhar informações e conhecimento é poder.

*Atualmente, a área de GP passa a ter natureza consultiva e atuação estratégica, com foco no **negócio**.*

Mas, afinal, o que é negócio? Simplificando, é o que a empresa vende como produto ou serviço ao seu público-alvo. Então, qual é o negócio de uma empresa como a multinacional de origem francesa L'Oréal? Você pode responder, apenas, cosméticos. Mas é importante lembrar que o negócio de uma empresa vai além da venda de produtos tangíveis: a L'Oréal também vende, por meio dos seus cosméticos, sentimentos e emoções como beleza, bem-estar, autoestima, feminilidade, sedução.

Pois bem, mirando o negócio, hoje a área de GP funciona como parceira estratégica da organização, auxiliando-a a obter "suce$$o" em sua estratégia. Isso significa, em poucas palavras, que, se antigamente a área de pessoas não tinha conexão com o negócio da empresa, no cenário atual é inadmissível.

Você percebeu que escrevemos a palavra sucesso com dois cifrões no lugar da letra "s"? Fizemos essa brincadeira para demonstrar que, para uma empresa, obter sucesso significa aumentar seu faturamento ($$), seu lucro líquido, sua participação no mercado e, como consequência, ser a marca mais lembrada na mente do consumidor.

A área de GP – assim como os departamentos de Marketing, Logística, Operações, Comercial – existe para alavancar iniciativas e ações que tornem realidade as metas estratégicas de uma organização. Ela deve agir de modo proativo e empreendedor ao preparar as pessoas, sempre em parceria com os outros gestores de área.

Tendência da área de gestão de pessoas:
atuação estratégica e consultiva

Apoiar iniciativas e planos de ação que contribuam para a execução da estratégia = **Suce$$o do negócio**

EA → Negócio → **ED**

Suporte

POLÍTICAS, METAS, PROCEDIMENTOS, TÉCNICAS E FERRAMENTAS

- Missão
- Visão/VALORES
- Objetivos e METAS ESTRATÉGICOS

VOCÊ: PROFISSIONAL DE RH

FIGURA 1 | Tendências da gestão de pessoas

A figura 1 ilustra a tendência da área de GP em atuar com foco no negócio, de olho no que a empresa vende ao seu público-alvo e auxiliando-a a passar do estado atual (EA) para o estado desejado (ED).

Para entender o que significam essas duas siglas, EA e ED, veja o exemplo a seguir: a empresa Burger's é uma rede de *fast-food* americana com duzentas lojas instaladas no Brasil. No início deste ano, seu presidente veio pessoalmente ao país para se reunir com os diretores da filial brasileira e fez a seguinte declaração: "Meus caros colegas, sempre gosto de iniciar nossos encontros relembrando a nossa missão: nosso propósito maior é vender refeições saborosas, rápidas e padronizadas, com alta qualidade no atendimento". O presidente continuou seu discurso: "No entanto, não estou satisfeito com o desempenho da operação brasileira da companhia [estado atual, EA]: hoje, nós faturamos 5 bilhões de reais, temos 200 franquias por todo o país, e apenas 70% dos nossos atendentes tiraram nota acima de 9 na competência Atendimento ao Cliente. Eu quero mais! Até o fim do ano [estado desejado, ED], quero que nosso faturamento atinja

5,7 bilhões, que tenhamos 100 franquias a mais, e que 95% de nossos atendentes tirem nota acima de 9 em Atendimento".

Qual a consequência do discurso do presidente para a área de GP da Burger's brasileira? Enorme! Pois são as pessoas que farão o estado desejado acontecer. A GP deve estabelecer com os funcionários e com os demais departamentos um senso de parceria e compromisso, de modo a unir forças e tornar o sonho do presidente da Burger's uma realidade. Para levar a organização a atingir as metas estabelecidas, o setor terá de se perguntar o que pode fazer para que a estratégia seja atingida com sucesso, lembrando que essa responsabilidade não é exclusiva da GP, mas tem de ser feita em parceria com os outros gestores de área. Certamente, para elevar as notas de 95% dos funcionários acima de 9 a GP deverá criar iniciativas e planos de ação para capacitar os colaboradores em atendimento ao cliente, como um novo módulo de formação de atendentes, já que o atual parece não estar funcionando. Novos funcionários terão de ser atraídos e selecionados para a rede, pois novas unidades serão abertas, e, ao serem reavaliados, muitos colaboradores mostrarão não ter de fato o perfil de atendimento e deverão ser substituídos.

O planejamento e as ações da área de GP precisam estar alinhados às metas do planejamento estratégico da empresa.

Em resumo: se a GP não se importar com as metas organizacionais, não perceber a intenção da empresa de faturar e crescer mais, não aprender a falar a linguagem da diretoria, que é a linguagem dos números, e, ao contrário, lavar as mãos para o negócio da empresa, ela certamente será uma área dispensável, uma vez que não estará desempenhando papel estratégico.

Mas, como dissemos anteriormente, as coisas nem sempre funcionaram assim. Gestão de pessoas era algo totalmente diferente entre 1920 e 1990...

Um passeio pelas eras empresariais

A figura 2 sintetiza a evolução das eras empresariais e mostra como a atual área de GP foi denominada em cada momento histórico.

Eras empresariais: três diferentes abordagens sobre como lidar com as pessoas dentro das organizações

FIGURA 2 | Eras empresariais

A Era da Industrialização Clássica abarcou um longo período, que vai da Revolução Industrial, no século XVIII, até meados de 1950. Sua maior característica foi a intensificação do fenômeno da industrialização e o surgimento dos chamados países desenvolvidos ou industrializados. O período foi marcado por crises, mas também por prosperidade. As empresas, nada enxutas, eram caracterizadas pelo gigantismo, adotando uma estrutura organizacional burocrática, em formato piramidal, com muitos níveis hierárquicos. A ênfase estava na centralização das decisões no topo da hierarquia (ou no topo da pirâmide) e no estabelecimento de regras e regulamentos internos para disciplinar e padronizar o comportamento das pessoas. O mundo de então era caracterizado por mudanças vagarosas, progressivas e previsíveis – que ocorriam de forma gradativa, lenta e inexorável.

Diferentemente de hoje, as pessoas eram vistas e tratadas como engrenagens, como simples peças de uma máquina, que serviam para a feitura da maior quantidade de produtos no menor espaço de tempo possível. O modelo criado pelo engenheiro norte-americano Frederick Taylor no início do século XX, conhecido como taylorismo, ditou as relações de trabalho naquele momento, com a produção em massa de itens iguais. O foco das indústrias residia na quantidade e não na qualidade. Nas fábricas, câmeras de vigilância eram comuns, e havia um controle rígido da jornada de trabalho, valorizando-se a disciplina como o principal atributo do bom funcionário. Executar tarefas repetitivas (como apertar parafusos) de modo isolado e silencioso, sem questionar nada aos superiores, era a tônica do trabalho. Ordem e rotina, palavras que não traduzem a dinâmica do trabalho na atualidade, marcaram o período.

•DICA•

Para entender como era o mundo do trabalho na Era da Industrialização Clássica, assista ao filme *Tempos modernos*, dirigido e estrelado por Charles Chaplin, em 1936. Nessa trama, o famoso personagem Carlitos enfrenta péssimas condições de trabalho como funcionário de uma fábrica.

Nessa época, ao invés da figura do líder inspirador da atualidade, reinava o chefe, que determinava, corrigia, controlava, manipulava, dava ordens, exigia. O ser humano era tratado como uma coisa, um instrumento para a produção industrial, e a interação com o outro era vista como algo negativo, perda de tempo, uma vez que a lógica da fábrica era a lógica do relógio. A expressão "cada macaco no seu galho" é precisa para retratar o que se esperava do trabalhador. Valorizava-se o indivíduo produzindo isoladamente, e não criando algo em equipe.

A área de pessoas era chamada de departamento de pessoal (DP) ou departamento de relações industriais. Basicamente, o DP era um departamento tocado pelo próprio dono da fábrica – ou por um preposto nomeado por ele –, que tinha atividades protocolares, burocráticas, estritamente operacionais. Segundo Chiavenato (2004, p. 42), a missão desse departamento era a de fazer cumprir as exigências legais sobre a relação de emprego: "admissão através de contrato individual, anotações em carteira de trabalho, contagem das horas trabalhadas para efeito de pagamento, aplicação das advertências e medidas disciplinares pelo não cumprimento dos contratos, marcação de férias, etc." O Departamento de Relações Industriais executava as mesmas tarefas, adicionando a esse rol o relacionamento da empresa com os sindicatos e a coordenação com os departamentos internos para enfrentar reivindicações trabalhistas. O foco das relações residia nos processos de trabalho, e não nas pessoas, reconhecidas apenas como mão de obra.

O DP não deixou de existir e de ter importância nos dias de hoje. Toda empresa tem que manter informações sobre os seus funcionários e operacionalizar certos procedimentos rotineiros, como efetuar o pagamento mensal, realizar cálculos rescisórios e de férias, etc. O DP, porém, não compreende toda a gestão de pessoas: ele é apenas uma das partes que formam o todo da área de GP. Essa, por sua vez, não pode se limitar a atividades operacionais e burocráticas. Se assim o fizer, estará se distanciando de sua missão de atuar no coração da empresa, nas suas necessidades, no seu negócio, tendo atuação estratégica, como falamos anteriormente.

A partir de 1950, quando o número de empresas aumentou no cenário mundial, entramos na Era da Industrialização Neoclássica, que vai até o início da já descrita Era do Conhecimento (a partir dos anos 1990). O mundo mudou mais rápida e intensamente com o término da Primeira Guerra Mundial. As transações comerciais ganharam, paulatinamente, amplitude internacional, e o cenário de competição entre as empresas se acirrou. Em vez de "olharem para o próprio umbigo", as organizações se voltaram para seu exterior: o foco recaiu sobre o cliente, suas necessidades e desejos. Deixou-se de controlar o tempo todo, internamente, o que os funcionários estavam fazendo. Nesse período, o marketing surgiu e ganhou importância na diferenciação entre as empresas, assim como a qualidade dos produtos se sobrepôs, como valor, à quantidade.

Por sua vez, a área de RH ganhou outro nome: departamento ou administração de recursos humanos (a famosa sigla ADRH), em vez de DP ou departamento de relações industriais. Surgiram as diversas especializações funcionais do então departamento de RH: recrutamento e seleção, treinamento e desenvolvimento, avaliação de desempenho, remuneração, saúde e segurança do trabalho e relações trabalhistas e sindicais. Nesse contexto, já se nota uma evolução de mentalidade, uma transformação na forma de ver as pessoas, que passam de mão de obra (especialmente braçal) a recursos humanos.

QUADRO 1 | Transformações no mundo do trabalho – FONTE: adaptado de Boog (1999)

ERA INDUSTRIAL	ERA DO CONHECIMENTO
MUNDO ESTÁVEL, COM POUCAS MUDANÇAS.	MUNDO COMPLEXO, COM MUDANÇAS RÁPIDAS E CONSTANTES.
A EMPRESA É UMA MÁQUINA, E AS PESSOAS, AS ENGRENAGENS.	A EMPRESA É UM SISTEMA DINÂMICO E ORGÂNICO.
A PRODUÇÃO É O MAIS IMPORTANTE.	O CLIENTE (E O MARKETING) SÃO O MAIS IMPORTANTE.
PRODUTOS EM SÉRIE, EFICIÊNCIA.	PRODUTOS CUSTOMIZADOS, FLEXIBILIDADE.
MERCADO DE MASSA.	SEGMENTAÇÃO DO MERCADO.
PRODUTIVIDADE.	EXCELÊNCIA.
ESTRUTURA IMPESSOAL E BUROCRÁTICA.	ESTRUTURA BASEADA EM PESSOAS.
POLICIAMENTO E CONTROLE.	PARCERIA E COMPROMISSO.
A COMPETIÇÃO É A MOLA QUE MOVE A EMPRESA.	A COOPERAÇÃO É A MOLA QUE MOVE A EMPRESA.
SÓ A DIREÇÃO DA EMPRESA DEVE CONHECER AS ESTRATÉGIAS E METAS E SABER PARA ONDE ELA CAMINHA.	PESSOAS-CHAVE PARTICIPAM E CONHECEM AS ESTRATÉGIAS E METAS. TODOS SABEM PARA ONDE A EMPRESA CAMINHA.
OS GERENTES SÃO A CABEÇA E PLANEJAM. OS TRABALHADORES SÃO O CORPO E APENAS EXECUTAM.	TODOS TÊM CABEÇA E CORPO, QUE DEVEM SER INTEGRADOS.
DELEGAR É PERDER PODER.	DELEGAR É GANHAR PODER.
UM BOM GERENTE DEVE SER ANTES DE TUDO UM BOM TÉCNICO.	UM BOM GERENTE TEM HABILIDADES TÉCNICAS, HUMANAS (RELACIONAIS) E CONCEITUAIS.
ESTILO CENTRALIZADO E DIRETIVO.	ESTILO DESCENTRALIZADO E PARTICIPATIVO.
COMUNICAÇÃO EM UM SENTIDO (DE CIMA PARA BAIXO).	COMUNICAÇÃO EM TODOS OS SENTIDOS.
O DINHEIRO É O MOTIVADOR MÁXIMO DAS PESSOAS.	A MOTIVAÇÃO VEM DO ATENDIMENTO ÀS NECESSIDADES E DESEJOS DOS COLABORADORES EM VÁRIAS DIMENSÕES (BOM AMBIENTE DE TRABALHO, PARTICIPAÇÃO NAS DECISÕES, METAS NEGOCIADAS COM OS GERENTES, ETC.).
DP/RH REATIVO E SOLUCIONADOR DE PROBLEMAS ("APAGADOR DE INCÊNDIOS").	GESTÃO PROATIVA E PREVENTIVA DO RH.
PATERNALISMO (AS PESSOAS SÃO PROMOVIDAS E CRESCEM DEVIDO A AMIZADES E CONTATOS POLÍTICOS).	PROFISSIONALISMO, MERITOCRACIA (AS PESSOAS SÃO PROMOVIDAS E CRESCEM NA CARREIRA POR METAS ATINGIDAS. O MÉRITO/DESEMPENHO É FATOR FUNDAMENTAL).

Os subsistemas de GP

Até aqui tivemos um panorama da evolução da gestão de pessoas, que surgiu como um desdobramento das especializações funcionais da ADRH. Devemos ter em mente que a moderna gestão de pessoas possui um conjunto de subsistemas que atuam de forma integrada e interdependente. As principais atribuições desses subsistemas são resumidas a seguir e serão abordadas de forma mais detalhada no decorrer deste livro:

- **Atração e seleção de pessoas:** responsável pela captação de talentos para suprir as necessidades de pessoal das organizações. Este subsistema define quem vai trabalhar na empresa, com base no planejamento estratégico e da área de GP, pesquisas de mercado (denominadas frequentemente de pesquisas de mercado de RH), mapeamento de competências existentes/não existentes na organização, etc. As atividades que compreendem esse subsistema são atração, seleção e integração de pessoas, aquilo que Chiavenato (2004) denomina processo de agregar pessoas.

- **Carreira, cargos e salários:** faz o mapeamento das atividades de cada funcionário, além do desenho, da análise e da descrição de cargos, e também a orientação e o monitoramento de carreira (o processo de aplicar pessoas, segundo Chiavenato).

- **Gestão do desempenho:** planeja ações de avaliação do desempenho (performance) dos funcionários, além de incentivo por meio de remuneração, reconhecimento e recompensas em função de entregas (resultados). Chiavenato (2004) denomina esse subsistema de processo de recompensar pessoas.

- **Capacitação e desenvolvimento de pessoas:** cuida da formação e do desenvolvimento profissional continuado das pessoas, de acordo com o seu plano de carreira (processo de desenvolver pessoas).

- **Saúde e segurança do trabalho (S&S):** apesar de ser considerada pela maioria das empresas uma área independente da área de GP, será abordada neste livro por sua importância e impacto direto nas pessoas e em sua qualidade de vida. A área de S&S é uma das que criam as condições satisfatórias à manutenção do clima e do ambiente organizacional favorável. Faz parte, segundo Chiavenato (2004), do processo de manter pessoas.

- **Gestão da mudança organizacional:** apesar de ser um processo que parte da alta cúpula e envolve todos os funcionários, a área de GP cumpre papel fundamental no sucesso de qualquer processo de mudança interna de uma empresa, especialmente as mudanças culturais. Por esse motivo, consideramos fundamental incluir essa temática neste livro.

Todos os subsistemas de GP devem funcionar de mãos dadas, de uma maneira interdependente, sinérgica. Isso quer dizer que eles devem fazer seu trabalho ou a sua parte de modo a se complementarem, a fim de alcançar o objetivo mais importante de uma empresa: ser bem-sucedida em sua estratégia. Os subsistemas giram em torno do foco no negócio.

• DICA •

Como o objetivo é que você seja um profissional bem formado e antenado, é importante adquirir uma visão panorâmica, ou seja, uma visão geral de toda a área em que vai trabalhar. É o que chamamos de visão sistêmica ou holística da área. Ao trabalhar na área de GP, permita-se sentir com qual subsistema você mais se identifica, de acordo com o seu perfil. Procure circular pela empresa e interagir com colegas e gestores de outras áreas, perceber as interconexões, e assim ter contato com realidades de trabalho diferentes. É circulando e conversando que você amplia as chances de descobrir a sua vocação.

A hora e a vez do modelo de gestão por competências

O modelo de gestão por competências (MGC) começou a se consolidar como uma tendência na área de gestão de pessoas a partir dos anos 1990. De maneira simplificada, trata-se da gestão de pessoas centrada no conceito de competências.

Podemos dizer que o MGC é o grande maestro ou regente da orquestra composta pelos subsistemas da área de GP: hoje funcionários são recrutados e selecionados por competências, treina-se e capacita-se por competências, avalia-se o desempenho dos colaboradores por competências. Se o MGC aparece nas empresas como o coração da área de GP, é importante para o profissional de RH conhecer sua existência e funcionamento.

Existem vários modelos para se gerir pessoas. O MGC, no entanto, parece ter vindo para ficar, porque atualmente é considerado o melhor para uma organização cumprir com sucesso sua missão, visão, valores, objetivos e metas. Ele tem caráter estratégico, ao atrair e reter funcionários e desenvolver suas competências, a fim de que o planejamento da empresa aconteça e seja bem-sucedido. Também atua com foco no negócio, pois alinha as ações da área de GP à estratégia da empresa.

Mas, o que é competência? O que significa essa palavra que se tornou frequente nos anúncios de trabalho e que serve de base desse modelo que, em breve, você vai entender em detalhes?

Para entender esse conceito, vamos primeiro pensar nas características de uma pessoa competente. Imagine que você construiu ou comprou uma casa e está à procura de um pintor competente, pois quer as paredes bem pintadas, com maestria. Quem é, então, um pintor competente?

Em princípio, é aquele que tem uma série de conhecimentos sobre técnicas de emassamento e pintura, tipos de tinta, cores, misturas e todo o processo que traz como resultado uma bela parede, desde a sua preparação até o acabamento. Muito provavelmente, para adquirir essa bagagem, ele fez um curso de pintura ou aprendeu observando um profissional mais experiente.

Mas a competência do pintor não se resume apenas a seus conhecimentos teóricos. Ele precisa ter habilidades, saber fazer, pôr seus conhecimentos em prática, colocar a mão na massa e fazer acontecer uma bela parede. Ele não só deve conhecer os rolos e pincéis, mas também saber quando lançar mão de um e de outro, como manuseá-los de forma a não deixar manchas na parede ou com aparência de pintura caseira. Ou seja, não basta conhecer: é preciso saber fazer, pôr em prática, ter técnica. Isso é habilidade.

Por fim, de nada adiantaria um pintor ter uma série de conhecimentos sólidos sobre pintura de parede, saber aplicar seus conhecimentos, mas ser uma pessoa grosseira, que não atende aos pedidos do cliente, chega sempre atrasado, não cumpre o total de horas combinado, trata de assuntos particulares ao celular várias vezes durante a jornada. Você vai considerar esse pintor competente? Provavelmente, não. Ele mostrou ter conhecimentos e ser habilidoso tecnicamente, mas faltou um terceiro elemento fundamental: comportamento e atitude adequados. Faltou o saber ser.

A competência é formada por:

- **Conhecimento:** saber adquirido pelo ensino (técnico, universitário ou em cursos livres), treinamento, leituras espontâneas ou dirigidas.
- **Habilidades:** saber colocado em prática, técnica.
- **Atitudes:** comportamento da pessoa no trabalho.

Podemos mencionar vários exemplos de competências que são imprescindíveis a um líder na atualidade:

- **Planejamento.**
- **Orientação estratégica.**
- **Foco em pessoas.**
- **Foco no cliente.**
- **Foco em resultados.**
- **Foco na qualidade dos serviços.**
- **Domínio técnico.**
- **Comunicação.**
- **Relacionamentos.**
- **Visão sistêmica.**
- **Criatividade e inovação.**
- **Trabalho em equipe.**
- **Proatividade.**
- **Comportamento ético.**
- **Comprometimento.**
- **Negociação.**
- **Dinamismo.**
- **Capacidade de tomar decisões.**
- **Empreendedorismo.**
- **Desenvolvimento de pessoas.**

Pense em você, que está se preparando para ser profissional de RH: que conjunto de competências deve desenvolver para, no futuro, desempenhar suas atividades profissionais? Essa é uma pergunta que deve estar em sua mente não só neste momento, mas por toda a sua vida, caso decida fazer carreira dentro da área de GP.

Certamente, você terá que desenvolver duas competências principais: foco em pessoas (conhecer o ser humano, seus mecanismos de motivação, como formar líderes, desenvolver pessoas talentosas) e foco em resultados (capacidade de planejamento e de execução das atividades). Porém, dominar essas duas competências não é suficiente para ser bem-sucedido em uma carreira de GP: você deve ter em mente que, como sempre há algo a aprender sobre o mundo em que vivemos (estamos na Era do Conhecimento) e sobre o ser humano, uma certeza da nossa geração é que nunca pararemos de estudar e de nos reciclar, de modo a melhorar as competências que já temos e desenvolver outras.

Agora que entendemos o conceito de competência (um tripé formado por conhecimentos, habilidades e atitudes, ou CHA), vamos nos perguntar: quais são as características de uma determinada competência, como o trabalho em equipe, por exemplo? Antes de responder, devemos lembrar que a competência sempre pode ser:

- **Observada:** um líder consegue observar se um membro de sua equipe tem essa competência.
- **Mensurada:** quando um líder pode observar se um membro de sua equipe tem postura de colaboração com os colegas, consegue medir essa competência, ou seja, ele tem condições de atribuir uma nota para essa pessoa, nessa competência.

A competência pode ser observada e mensurada porque existem os chamados indicadores da competência, que a tornam mais tangível, palpável, observável. São eles que literalmente indicam ao líder o que observar no comportamento do funcionário para avaliar suas competências, da forma mais justa e fundamentada possível.

No capítulo 4, apresentamos um modelo de formulário de avaliação de desempenho dos funcionários de uma empresa. Nele, é possível ver a aplicação prática do conceito de competência e de seus indicadores. Ao analisá-lo, pode-se perceber como os indicadores tornam clara e menos abstrata uma competência, de modo que o avaliador pode dar ao funcionário uma nota de caráter mais objetivo do que subjetivo. Se nos quesitos de avaliação não houvesse indicadores, seria muito mais difícil avaliar o funcionário. Isso porque cada avaliador interpretaria a seu modo o que é a competência e atribuiria um significado diferente a ela. Isso certamente geraria uma distorção no processo de avaliação.

Depois de entendermos o conceito de competência – sempre aliada a seus indicadores –, vamos à descrição da aplicação do MGC em uma empresa. Como funciona esse modelo?

O MGC funciona da seguinte maneira: a cúpula da empresa define as competências organizacionais (básicas e diferenciadoras) que, por sua vez, levam à definição das competências funcionais (dos funcionários).

Para tornar mais clara a aplicação do MGC em uma empresa, imagine a seguinte situação: um grupo de investidores resolveu fundar uma nova companhia de aviação, chamada Team. Você foi contratado pela organização como profissional de RH e vai atuar em atração e seleção de pessoas. A presidência da Team quer que ela tenha vários diferenciais, de modo a se destacar da concorrência e ganhar uma expressiva fatia de mercado. Com isso, espera recuperar seus investimentos em dois anos. Primeiramente, os líderes deverão definir qual é o negócio dessa nova empresa e redigir sua missão, visão, valores, objetivos e metas estratégicas. A partir desses elementos, a cúpula poderá determinar as competências organizacionais: capacidades que a empresa deve ter para atingir seus objetivos. Elas se subdividem em:

▌ **Competências organizacionais básicas ou críticas:** capacidades indispensáveis para administrar com eficácia o negócio e sobreviver no mercado.

▌ **Competências organizacionais diferenciadoras ou essenciais (ou *core competencies*):** aquelas que são desenvolvidas e mantidas para estar à frente da concorrência. São capacidades que conferem à organização vantagem competitiva. Percebidos pelos clientes, esses diferenciais dificilmente são copiados pelos concorrentes e aumentam a capacidade de expansão da companhia.

É possível abrir e operar uma empresa de aviação sem segurança, domínio tecnológico (saber como um avião funciona) e domínio técnico (saber operar um avião)? A resposta é: de jeito nenhum! Essas três capacidades são simplesmente o básico: uma espécie de "feijão com arroz" para quem quer investir e operar com seriedade nesse ramo. Assim, são consideradas competências organizacionais básicas para esse tipo de empresa. Porém, elas são apenas um ponto de partida, já que devem estar presentes em todas as companhias aéreas e não as diferenciam dentro do mercado de transporte aeroviário.

De acordo com sua visão, a Team quer ser reconhecida em um prazo de dois anos como uma companhia aérea com:

1) Qualidade nas operações (pontualidade em 100% dos voos, check-in fácil e ágil, entrega rápida de bagagens aos passageiros, baixo índice de extravio de malas, etc.).

2) Foco no cliente (facilidades como check-in pela internet e por totens presentes nos aeroportos, aeronaves novas e de alta tecnologia, espaço amplo nas poltronas, ar condicionado monitorado de modo a garantir conforto ao passageiro, alimentação saborosa e de apresentação impecável).

3) Diversidade no portfólio de produtos (além de passagens aéreas, pacotes customizados de viagens e serviços, como aluguel de carros).

O que você acha que os passageiros vão vivenciar em um voo nessa companhia aérea? Provavelmente uma experiência inesquecível. Tudo aquilo que nos encanta, que nos faz lembrar de uma empresa ou de uma marca como referência, reside nas competências organizacionais diferenciadoras. Elas vão além do básico e têm como objetivo a fidelização.

Certo! E o que as competências da Team têm a ver com as competências de seus funcionários? Tudo!

FIGURA 3 | Como funciona o MGC

Na figura 3, percebemos mais uma vez que as competências funcionais derivam das competências organizacionais. Portanto, as competências que cada funcionário deve ter são consequência do que a empresa quer ser, de como ela quer ser reconhecida no mercado e de onde ela quer chegar.

O MGC funciona na lógica do funil: parte-se do macro (o negócio da empresa) para o micro (o cargo, o funcionário).

Vamos agora pensar nas competências funcionais necessárias a uma comissária de bordo que deseja integrar a companhia aérea que usamos como exemplo. As competências funcionais (ou competências do cargo) são o conjunto de competências específicas que permitem aos funcionários desenvolver suas funções alinhadas aos objetivos estratégicos da organização.

Lembre-se: para estabelecer as competências funcionais da comissária de bordo, é necessário, antes, conhecer as competências organizacionais da companhia aérea. Para que essa empresa tenha segurança, domínio tecnológico e técnico (competências organizacionais básicas), que atributos a comissária de bordo deve apresentar como competências funcionais? Ela certamente deve ter a competência foco em segurança, ou seja, conhecer procedimentos de segurança e ter a capacidade de colocá-los em prática em diversas situações. Outras competências que provavelmente a comissária deve apresentar são domínio tecnológico e domínio técnico sobre os equipamentos que manuseia durante o voo. Por exemplo, saber como um balão de oxigênio funciona e como operá-lo. Para transmitir aos passageiros os procedimentos de segurança, ela deve ter a competência comunicação.

Façamos a mesma pergunta – agora partindo das competências organizacionais diferenciadoras – para traçar as competências da comissária de bordo: para que a companhia aérea tenha qualidade nas operações, foco no cliente e amplo portfólio de produtos, que competências uma comissária de bordo deve ter? Agilidade, pontualidade, proatividade, comunicação interpessoal (expressa na presteza e boa educação), atuação em equipe, higiene e boa apresentação pessoal.

Ao atuar como técnico em recrutamento e seleção ao lado de um analista de RH, filtrando currículos de candidatos a vagas em uma organização, você deve saber quais competências funcionais essa pessoa deve ter para ocupar o cargo, e de onde elas surgiram: da estratégia da empresa, ou seja, das competências organizacionais.

São as competências funcionais que definem o foco de recrutamento e seleção, treinamento e desenvolvimento, avaliação de desempenho, entre outras áreas. A comissária de bordo, no exemplo dado, será contratada, treinada e avaliada com base nas competências requeridas para o cargo: agilidade, pontualidade, proatividade e todas as demais listadas anteriormente. Com o MGC é possível selecionar e desenvolver pessoas de modo estratégico, para atingir os objetivos da empresa.

O MGC faz com que todos os subsistemas da GP trabalhem em sintonia, em sinergia – com convergência e coerência com o negócio e a estratégia da organização. A empresa que adota o MGC deve construir e manter um banco de dados atualizado, com o registro dos funcionários e de suas respectivas competências. Desse modo, poderá rapidamente acionar quem sabe se relacionar e negociar com órgãos governamentais, quem é hábil em perfuração de poços, quem tem competência para contabilidade, quem domina o inglês, quem é competente para fazer apresentações aos clientes, quem sabe liderar equipes virtuais e em lugares remotos, etc. A organização das informações sobre as pessoas e seus talentos deve ser feita de forma a ser acessada facilmente, em diferentes demandas e momentos. Não adianta atrair, selecionar, desenvolver e avaliar competências nas pessoas se a organização, no fim das contas, não tiver consciência e controle do "tesouro" que existe dentro dela.

.ATIVIDADES.

Responda às seguintes questões sobre os temas que acabou de aprender:

1. A organização em que você trabalha, pelo que pôde observar das práticas cotidianas, é uma empresa da era industrial ou da era do conhecimento? Por quê?

2. A Coca-Cola Brasil, há mais de 50 anos presente no país, tem como missão "refrescar o mundo; inspirar momentos de otimismo; e criar valor e fazer a diferença" (Coca-Cola Brasil, 2015). Em sua opinião, que competências um líder da Coca-Cola deve ter para contribuir para a disseminação dessa missão e cultura entre os funcionários?

3. Toda meta precisa ser possível e mensurável, além de ter prazo para ser cumprida. Por exemplo: perder dez quilos em cinco semanas. Se eu tiver perdido cinco quilos em duas semanas e meia, terei atingido 50% da minha meta. Com base nessa explicação, formule cinco metas para a empresa onde trabalha. Justifique sua escolha.

4. Imagine que você e seus colegas de curso têm capital suficiente para abrir uma empresa de exploração e produção de petróleo no Brasil. Como cúpula da empresa, estabeleça:

   a) Três competências organizacionais básicas.

   b) Três competências organizacionais diferenciadoras.

   c) Três competências de um técnico que trabalha com perfuração.

5. A organização em que você trabalha quer desenvolver em todos os funcionários a competência agilidade na resposta aos desafios. Quais seriam três indicadores dessa competência?

2 ATRAÇÃO E SELEÇÃO

Atrair e selecionar talentos são duas das atividades mais importantes da área de GP, pois se trata do ponto de partida na relação entre os indivíduos e as empresas. É uma via de acesso que liga o que acontece dentro da empresa ao que acontece fora dela. A intensidade do processo de atração e seleção das empresas demonstra a temperatura do mercado de trabalho: nos noticiários, a admissão e a demissão são indicadores importantes de como está a economia de um país. Como futuro profissional de RH, pelo número de vagas ofertadas na empresa em que atuar você perceberá a saúde dela.

Você reparou que usamos o verbo atrair em vez de recrutar? Apesar de a expressão recrutamento e seleção (R&S) ser ainda a mais utilizada dentro das organizações para designar essa área ou atividade, a visão contemporânea de GP considera que não estamos mais na era do emprego, mas sim na da empregabilidade. Hoje, diz-se que a responsabilidade principal pela carreira é do indivíduo e não mais da empresa. Ele é o piloto do seu destino: vivemos a era da autonomia, vetor fundamental da sociedade.

Sendo assim, isso significa que hoje não só as empresas escolhem as pessoas para o seu corpo de funcionários, como também as pessoas escolhem onde desejam trabalhar. Elas precisam ser atraídas e ficam de olho nas empresas que têm mais a ver com sua personalidade, que oferecem um bom plano de carreira ou melhores salários – tudo depende daquilo que valorizam e de seus anseios.

Pesquisas dizem que membros da geração Y, por exemplo, valorizam muito mais uma empresa que dê espaço para as suas opiniões e ideias e ofereça maleabilidade no trabalho (home-office ou horários flexíveis, por exemplo), do que as pessoas da geração X. É por isso que os mais jovens se sentem atraídos por empresas com o perfil do Google: informal, aberta a novas ideias e sem preconceito em relação à idade.

Não à toa surgiu no mercado o famoso *ranking* Melhores Empresas para se Trabalhar – realizado tanto pela revista *Você S.A.* (em parceria com a Fundação Instituto de Administração – FIA) quanto pela revista *Época Negócios* (em parceria com o Great Place to Work Institute). Essa pesquisa evidencia que as pessoas estão exercendo a sua autonomia e sendo mais criteriosas em suas decisões. Elas querem saber mais do lugar onde passarão a maior parte de seu tempo. Se o trabalho se tornou um dos elementos mais importantes da definição da identidade dos indivíduos, todos querem dar a esse aspecto de sua vida um significado especial. É em razão disso que, hoje, as empresas precisam ser atraentes. Daí o termo "atração de pessoas".

Obviamente que, em época de recessão, a necessidade de subsistência fala muito mais alto do que a realização no trabalho. As pessoas ficam limitadas para exercer sua autonomia, fazer valer a sua vontade e escolher onde gostariam de trabalhar. Em momentos de escassez de vagas e oportunidades de emprego, a disputa entre as pessoas se acirra, diminui a margem de escolha, as empresas ficam com maior poder de barganha (porque as pessoas aceitam propostas salariais mais baixas), e quem está alocado em uma organização simplesmente não "larga o osso" (busca fixar-se no atual emprego com mais disciplina e assiduidade, evitando criar atritos).

A dinâmica da relação empresa-mercado é muito interessante! Ao criar uma oportunidade, o empregador (empresa) gera um aquecimento do mercado por meio de disputas ditas saudáveis: apenas alguns serão aprovados para as vagas que estão disponíveis. Os candidatos, por sua vez, não devem aguardar de braços cruzados que essas demandas surjam para atingir seus objetivos profissionais e pessoais – afinal de contas, como dissemos, estamos na era da empregabilidade e não mais na era do emprego. É importante que candidatos estudem, analisem o mercado de trabalho – as áreas e segmentos que mais abrem vagas – e estejam munidos de informações gerais. É o que se espera para que sejam dignos de aprovação.

Mas o cenário muda o tempo todo. Fatores econômicos, políticos, socioculturais, entre outros, interferem diretamente no comportamento das empresas. Mundialmente, até por conta dos avanços tecnológicos, torna-se cada vez mais estreita a porta por onde passam os aprovados. Os processos seletivos estão cada vez mais profissionalizados e cautelosos – para que haja uma máxima segurança de que será contratada a pessoa certa para a posição certa. Não há espaço para improvisação ou amadorismo nessa seara, até porque atrair e selecionar pessoas custa caro, bem como retê-las e demiti-las.

Mas, será que é somente pelo custo que atrair e selecionar pessoas se tornou uma atividade crucial para as empresas? A resposta é não. Se vivemos na Era do Conhecimento – e não mais na Era da Industrialização Clássica e Neoclássica –, são as pessoas, com seu conjunto de competências, que conferem vantagem competitiva às organizações, fazendo com que se destaquem no mercado. É o capital intelectual que faz toda a diferença nas empresas – e não mais o capital financeiro, a tecnologia e a matéria-prima. As organizações devem se esmerar para atrair e selecionar talentos coerentes e convergentes com a sua estratégia, seus objetivos e suas metas. Só sabendo aonde quer chegar, uma empresa tem condições de formar um corpo de colaboradores de fato estratégico – aumentando, assim, suas chances de obter sucesso.

No primeiro capítulo, abordamos o modelo de gestão por competências. As empresas mais conectadas com as tendências da Era do Conhecimento e com as melhores práticas de RH selecionam por competências. Isso significa que as competências funcionais (aquelas que um candidato deve ter para ocupar determinada função ou cargo) derivam da estratégia da organização – das competências empresariais (básicas e diferenciadoras) estabelecidas pela cúpula da empresa. Assim, atrair e selecionar por competências é o caminho para buscar, identificar e admitir talentos com foco. Nesse modelo, a tendência da empresa é prosperar, porque ela sabe exatamente o que quer.

Alguns autores fazem uma distinção interessante entre recrutamento e atração. Enquanto o recrutamento está ligado à divulgação no mercado das vagas (oportunidades) ofertadas pela empresa, a atração é o interesse despertado nos candidatos. O recrutamento é uma comunicação que visa abastecer o processo seletivo da empresa; quando traz candidatos para serem testados e selecionados, ocorre a atração.

A atração provê a empresa de indivíduos – qualificados ou não para a vaga – que serão testados, selecionados e admitidos em função de suas competências atuais e potenciais. É por isso que definimos seleção como o caminho que as empresas percorrem para suprir a necessidade de competências e atingir seus objetivos.

Atualmente, é crucial não só recrutar, mas tornar a oportunidade interessante para quem quer trabalhar. É necessário atrair.

Não costuma ser fácil encontrar as pessoas certas para ocupar os cargos vagos. Para minimizar a margem de erro – ou seja, achar uma pessoa que desempenhe com excelência a sua função, dando conta com maestria de suas responsabilidades e desafios –, é necessário que a empresa atraia um número suficientemente grande de candidatos para ter amplitude de escolha. A qualidade de um recrutamento é diretamente proporcional à quantidade de candidatos que ele influenciar.

.RESPONSABILIDADE SOCIAL CORPORATIVA.

É interessante perceber a preocupação das empresas nos últimos anos com a responsabilidade social corporativa. Isso melhora a imagem institucional na sociedade, aumentando a atratividade aos olhos dos candidatos. Ao identificar certas necessidades do mundo contemporâneo, as organizações passaram a promover a inclusão social com programas para deficientes, jovens aprendizes, trainees, etc. O fundamento, no caso de programas para deficientes, é estabelecer maneiras visíveis de integrar essas pessoas no meio corporativo, a fim de desenvolver suas potencialidades e ampliar suas capacidades; no caso de adesão aos programas de jovens aprendizes, é voltar a atenção para o desenvolvimento de pessoas que estejam em busca de sua primeira oportunidade profissional.

É fundamental que você, futuro profissional de RH, concentre sua atenção em:

- Locais propícios ao recrutamento de deficientes.
- Instituições que tenham banco de currículos de jovens aprendizes.
- Ter contato estreito com os gestores de sua empresa (diretor/coordenador de marketing, de finanças, de operações, etc.) para verificar se um programa de trainee é interessante para o desenvolvimento da equipe.

O que envolve o recrutamento de pessoas?

Em todo processo da área de GP, tudo começa pelo planejamento. O Brasil não é um país com cultura madura de planejamento: usualmente, dedica-se muito pouco tempo a ele, subestimando essa etapa que é absolutamente crucial para a operacionalização bem-sucedida de processos. Muitas vezes, no frenesi do dia a dia organizacional, gestores pulam a etapa do planejamento, ou até têm preguiça de fazer com excelência esse dever de casa. Mas você já viu algum atleta chegar ao pódio sem se preparar? Certamente, não. O mesmo vale para o sucesso de um processo seletivo.

O planejamento para o recrutamento e seleção de pessoas começa com a definição do conjunto de competências que a empresa deseja para cada cargo, assim como a decisão sobre as fontes de atração. Segundo Brandão (2013, p. 78), um planejamento adequado considera alguns parâmetros importantes: "custos, urgência no preenchimento de vagas, revitalização organizacional, política de aproveitamento interno e progresso funcional e esforços de integração de novos funcionários".

Para planejar bem o preenchimento de uma vaga, é imprescindível que sejam feitas quatro perguntas:

1. **Por quê?** É preciso avaliar se é realmente preciso recrutar. Muitas vezes, as empresas acabam inchando sua estrutura por falta de precisão nesse diagnóstico. Em outras situações, elas chegam à conclusão, depois da avaliação, de que uma pessoa está com sobrecarga de trabalho, executando tarefas que são de vários indivíduos – assim, é necessário recrutar "para ontem"!

2. **Quem?** É preciso conhecer, com riqueza de detalhes, o perfil do profissional a ser contratado. Quais são as competências – o conjunto de conhecimentos, habilidades e atitudes – necessárias e desejáveis aos candidatos? Além disso, qual é a descrição do cargo, com suas responsabilidades?

3. **Onde?** É preciso definir se os candidatos à vaga serão procurados dentro ou fora da empresa.

4. **Como?** Corresponde à forma de recrutamento das pessoas. Se for dentro da empresa: através de anúncio na intranet, cartazes nos murais, etc.; se for fora: revistas especializadas, empresas de recrutamento, eventos, etc. Independentemente da forma de comunicação entre a empresa e os potenciais candidatos, é preciso garantir que todas as informações sejam passadas de forma clara. Esse planejamento também deve levar em conta a otimização de tempo e de recursos.

Tanto o recrutamento interno quanto o externo apresentam vantagens e desvantagens. Segundo Chiavenato (2004), o recrutamento externo introduz sangue novo na organização, incrementando o capital intelectual (conhecimentos e habilidades). Ao mesmo tempo, evita nepotismo (favoritismo, proteção) ao inibir o vínculo entre os candidatos e os responsáveis pelo processo seletivo (baixando, assim, a dose do famoso QI). Porém, ele é mais oneroso, demorado e inseguro. Se for a prática mais comum da organização, pode afetar negativamente o clima organizacional, a motivação dos colaboradores e seu grau de lealdade à empresa – já que são "os de fora" ou "os estranhos" que ocupam as oportunidades que surgem.

Aí está um dos pontos mais complicados do processo seletivo. Às vezes, os colaboradores internos acreditam que preenchem os requisitos de uma vaga, mas, ainda assim, a empresa insiste em contratar alguém através de recrutamento externo. Isso causa uma frustração muito grande no funcionário, que se sente estagnado, sem importância: ele passa a acreditar que, mesmo que trabalhe arduamente, não terá oportunidade de crescimento.

Recrutamento interno

O recrutamento interno ocorre quando a empresa seleciona entre os funcionários o mais qualificado a preencher uma vaga, sem recorrer ao mercado. Nesse caso, a organização lança mão de seus canais de comunicação interna e também acolhe sugestões/indicações de gestores e funcionários. Há empresas que possuem programas de oportunidade de carreira, em que os funcionários podem se candidatar às vagas existentes. Outras têm mecanismos oficiais de indicação de funcionários a determinados cargos. Essa forma de recrutamento é vantajosa para a empresa e para o funcionário por apresentar:

- **Rapidez no processo:** há ganho de tempo (os responsáveis pelo subsistema de R&S podem se dedicar a outras atividades) e redução de custo.
- **Candidatos conhecidos:** a escolha pode ser mais acertada, pois o candidato já passou pela seleção da empresa para ser contratado e eventualmente participou de programas de capacitação e desenvolvimento, e avaliações formais e informais de seu desempenho. Portanto, os gestores conhecem sua personalidade, competências, potencial.
- **Maior motivação:** se o funcionário é promovido ou transferido para atividades mais complexas ou mais motivadoras (ou seja, para oportunidades melhores), há uma percepção de valorização do capital intelectual da organização. O sentimento que brota no colaborador é de continuidade, desenvolvimento de carreira, permanência e fidelidade à empresa.
- **Socialização organizacional:** a integração, dinâmica fundamental quando o funcionário é recém-contratado, nesse caso, é dispensável: ele conhece a missão, visão, cultura e equipe.

Apesar de o recrutamento interno ser potencialmente mais eficiente – afinal de contas, há uma série de ganhos para os dois lados –, é preciso ter cautela com as seguintes questões:

- **Vícios de atuação:** para o funcionário que passou anos no mesmo cargo na empresa, pode ser um entrave realizar outras atividades. Além disso, o recrutamento interno pode bloquear a entrada de novas ideias e experiências na empresa, que seriam trazidas pelas pessoas de fora.

▌**Desentendimentos:** a movimentação interna de um funcionário pode gerar reações negativas dos colegas: falta de companheirismo, boicotes, comentários invejosos, etc.

▌**Protecionismo velado:** é o famoso QI ("quem indica") em sua pior manifestação: a competência da pessoa contemplada à vaga é visivelmente inferior ao que o cargo exige; mas, mesmo assim, ela passou a ocupá-lo.

Recrutamento externo

O recrutamento externo ocorre quando a empresa volta seu olhar para o mercado a fim de captar candidatos a seus cargos e submetê-los ao processo de seleção de pessoal. Ao direcionar os holofotes a um universo muito maior do que em um recrutamento interno, os responsáveis pelo subsistema de R&S devem utilizar várias técnicas e recursos para influenciar e atrair candidatos:

▌**Cadastramento de currículos:** algumas empresas disponibilizam em seus sites espaço para cadastramento de currículos, que ficam disponíveis em seu banco de dados. O documento pode ser incorporado em arquivos nos formatos Word ou PDF, mas, na maioria das vezes, o candidato deve preencher um formulário pré-formatado com as informações que a empresa solicita. Esse é um modo muito econômico de captação de currículos. Quando há uma oportunidade que coincida com o perfil de determinados candidatos, a empresa pode encaixá-los no processo seletivo. Atualmente, modernas ferramentas de busca em bancos de dados de currículos permitem evitar desvios de interpretação na hora da análise.

▌**Sites de emprego:** websites como Catho e Vagas.com permitem que empregadores façam buscas gratuitas de candidatos. Para isso, as pessoas devem cadastrar seus currículos nos formulários desses sites.

Indicação: ocorre quando pessoas ou outras organizações recomendam à empresa um candidato a determinada vaga. É um procedimento de baixo custo e efeito relativamente rápido. Dentro da empresa, essa técnica acontece quando a área de GP estimula os colaboradores a apresentar ou recomendar candidatos (amigos, vizinhos, colegas de classe), de forma que o próprio corpo funcional se sinta participante na admissão de colegas. Segundo Brandão (2013, p. 80): "isso traz resultados positivos, pelo envolvimento e compromisso que se consegue não só por parte de quem indica, mas, principalmente, pelo indicado". As empresas podem desenvolver um programa bem estruturado de indicação interna, com informações sobre diretrizes e formulários disponibilizados na intranet e oferecimento de recompensas aos funcionários que indicarem pessoas. Lou Adler (*apud* SHWIFF, 2011, p. 46) dá tanto valor a esse método que afirma: "as indicações fornecidas por funcionários são o melhor meio de encontrarmos as pessoas de nível mais alto. [...] Pelo menos 50% dos profissionais que você contratar devem vir deste grupo". Fora da empresa, clientes, fornecedores e até mesmo concorrentes, contatados de modo informal, podem dar boas indicações.

Escolas e universidades: alunos de instituições de ensino da região em que a empresa está instalada podem ter potencial para trabalhar nela. O anúncio das vagas geralmente é feito por meio de cartazes afixados nos murais das escolas ou no centro de integração empresa-escola, por exemplo. Uma prática que tem sido cada vez mais frequente são as feiras de emprego e de estágio nas universidades, em que empresas montam seus estandes e apresentam oportunidades, conhecendo os candidatos cara a cara. Algumas organizações promovem com frequência palestras em escolas de ensino médio e universidades para divulgar suas diretrizes de RH e criar admiração e receptividade entre os alunos por seus processos de R&S, mesmo que não existam oportunidades a curto prazo.

▎**Vizinhança:** placas colocadas em pontos estratégicos nas imediações da empresa são uma boa forma de atrair pessoas da vizinhança. Candidatos que residam próximo ao local de trabalho acabam tendo vantagens sobre os demais, principalmente nas grandes cidades em que o trânsito é um transtorno.

▎**Entidades de classe:** sindicatos, organizações de serviços e outras entidades de classe se mobilizam para ajudar seus filiados na colocação no mercado. Esse trabalho é relevante para que se tenha acesso direto a fontes de recrutamento e captação de talentos.

▎**Jornais, revistas e redes sociais:** dependendo do cargo a ser preenchido, anunciar em jornais e revistas é uma boa opção. As revistas especializadas são recomendadas quando o profissional procurado é muito específico, mas essa é uma opção cara para a empresa. Uma tendência atual, com a proliferação das redes sociais, é o anúncio de vagas em sites como LinkedIn e Facebook. Assim, as empresas disponibilizam informações para um universo muito maior, não restrito ao país, o que é relevante para as multinacionais, por exemplo.

•EMPRESAS ESPECIALIZADAS•

Certas organizações utilizam empresas especializadas para trabalhar as suas posições no mercado de trabalho. Para os níveis de qualificação mais baixos, há as agências de emprego e as firmas de recrutamento de mão de obra operacional. Para as posições que exigem maior qualificação - como cargos mais estratégicos -, existem assessorias de colocação, recolocação e planejamento de carreira. Os conhecidos headhunters trabalham não só as posições estratégicas, mas também as confidenciais. Geralmente, as empresas que prestam esse tipo de serviço cobram taxas da organização apenas quando um candidato é admitido (um percentual do valor do seu salário mensal ou anual), sendo que é comum o candidato não pagar nada. A utilização desse tipo de empresa (que chamamos de "consultoria") requer os seguintes cuidados por parte do contratador:

- Dar à consultoria uma descrição completa e detalhada do cargo a ser preenchido, pois ela precisa compreender as características da vaga para atrair e conversar com um conjunto adequado de candidatos.

- Especificar como deve ser composto o processo seletivo: as ferramentas utilizadas na seleção dos candidatos (formulários de emprego, testes, entrevistas, etc.).

- Dar feedback adequado à consultoria, informando quem são os candidatos rejeitados e qual a razão da rejeição.

- Se possível, o contratante deve desenvolver um relacionamento de longo prazo com uma ou duas consultorias. Pode ser vantajoso designar uma pessoa para servir de ligação entre a organização e a consultoria, para coordenar as necessidades futuras de recrutamento.

Mas, atenção! Contratação de serviço especializado não é o mesmo que terceirização. A terceirização ocorre quando outra organização é responsável por realizar a seleção do candidato, além de todo o trâmite de contratação.

"Quase sempre, as empresas utilizam conjuntamente todas as técnicas de recrutamento externo. Em algumas delas, esse processo é intensivo e permanente, mesmo quando não há oportunidades a oferecer" (CHIAVENATO, 2004, p. 120).

Em um recrutamento interno ou externo, o profissional de RH deve estar sempre atento às pessoas que estão participando do processo. Como integrante da área de GP, ele contribui com a tomada de decisão do gestor. Por exemplo, se o candidato já é funcionário, o profissional de RH pode dar informações ao gestor da área em que esse profissional pode vir a trabalhar sobre seu comportamento e assiduidade. Se for recrutado externamente, ao participar das etapas de seleção, o técnico de RH verifica quais são as referências do profissional e emite uma opinião segura na hora da decisão pela contratação. Portanto, ele deve ter atenção máxima às pessoas que já fazem ou farão parte de sua organização.

Técnicas de seleção de candidatos

Vimos que um processo de R&S deve ser planejado e que uma determinada empresa pode recrutar/atrair candidatos tanto dentro de sua própria estrutura – divulgando as vagas internamente – quanto mirando o mercado de trabalho como um todo, o que é mais oneroso. Ao atrair pessoas para uma determinada posição, a organização precisa escolher o melhor candidato para o cargo. Esse é o papel da seleção.

A seleção é uma espécie de peneira ou filtro que permite que apenas algumas pessoas, em detrimento de outras, ingressem na empresa: aquelas que reúnem o conjunto de conhecimentos, habilidades e atitudes requisitados não só pelo cargo, mas pela organização como um todo. Se forem selecionadas pessoas que apresentam potencial para ocupar outras posições no futuro, é porque seleção foi estratégica, o que aumentará a eficácia e o desempenho organizacional.

Existem técnicas para selecionar, ou seja, para conhecer e comparar candidatos e escolher o mais adequado para uma determinada função. Segundo Chiavenato (2004), elas permitem rastrear as características pessoais por meio de amostras de comportamento. Pelo fato de essas técnicas serem usualmente utilizadas em sequência, elas acabam se constituindo em etapas do processo seletivo. As mais comuns, que trataremos aqui, são entrevista, dinâmica de grupo, testes psicológicos e de personalidade e provas de conhecimento ou de capacidades. O gerente assume um papel fundamental no processo seletivo, enquanto a GP (que chamamos de órgão de staff) atua como consultor/orientador na tomada de decisões.

Entrevista

Depois da etapa de recrutamento, profissionais cujos requisitos sejam mais próximos das necessidades da empresa permanecem no processo seletivo. Parte-se, então, para a escolha do melhor candidato para ocupar a vaga. Para chegar a esse resultado, é imprescindível que o pretendente ao cargo seja entrevistado por um membro do RH ou um profissional da agência de empregos. Essa é uma etapa inicial, pois se o candidato se encaixar nos requisitos da função, ele passará por outras entrevistas.

Certamente, a entrevista é a técnica de seleção mais utilizada nas organizações. Trata-se, nesse caso, da interação entre duas pessoas, motivadas pelo interesse de uma delas em conhecer melhor a outra; afinal, existe uma vida por trás daquele currículo que passou pela triagem inicial. De um lado, temos o entrevistador ou tomador de decisão e, de outro, o candidato, que recebe estímulos para que suas reações e comportamentos sejam verificados.

Apesar de seu forte componente subjetivo e impreciso, a entrevista é a dinâmica que mais influencia a decisão final de contratação.

Vale anotar: quanto mais complexo ou estratégico for um cargo (como gerência e diretoria), maior será o número de entrevistas com os candidatos, já que é necessário obter os pareceres de vários gestores e pessoas envolvidas no processo. Suas opiniões são fundamentais para escolher o candidato mais adequado. Determinados cargos cujas competências não são encontradas no país podem, inclusive, demandar da empresa a realização de entrevistas, preliminares ou definitivas, com candidatos de outros países (por meio de sites que oferecem interação usando recursos de áudio e vídeo).

Entrevistar não é algo simples de ser feito; é uma arte em que é preciso ceder para obter os resultados desejados, uma troca não só de informações, mas de emoções. Na maioria das vezes, as duas pessoas saem enriquecidas dessa etapa. Por isso, é essencial que os entrevistadores sejam treinados, pois enfrentam um enorme desafio: alinhar as competências do candidato aos requisitos do cargo.

Não se deve dificultar as coisas para o candidato, nem é a intenção transformar a entrevista em uma tortura. Certamente, a empresa quer causar uma boa impressão, para estimular o candidato a se juntar ao time. Por isso, o entrevistador deve cuidar do ambiente onde vai realizar a conversa. A mesa tem de estar limpa, sem objetos pessoais, como fotografias de família, lembranças, bibelôs e objetos religiosos ou de cunho político. Isso desvia a atenção do candidato e prejudica a concentração. O entrevistador tem de se preocupar também com a própria apresentação. A regra é chamar a atenção pelo que fala e não pelo que veste. Afinal, o candidato verá nele a imagem da empresa.

Veja algumas orientações para a condução de entrevistas:

Reconheça que todo encontro é emocional Não existe encontro impessoal. Há sempre um intercâmbio, uma troca de ideias e sentimentos entre as pessoas que conversam. Mas, para que haja troca verdadeira, temos de baixar nossas defesas. Toda entrevista é um encontro emocional em que arriscamos um pouco do nosso amor-próprio. Se as pessoas sucumbirem à tensão, poderão mostrar-se desconfiadas, suscetíveis ou hostis. Uma entrevista conduzida com essa postura não tem bom resultado.

Entrevistadores experientes, quando conversam com desempregados, nunca perguntam "Parece que você não está trabalhando no momento, não é?", mas sim "Você está procurando um emprego no momento ou vai esperar um pouco?". Se o entrevistador é invasivo e toca em questões que o entrevistado não está preparado para responder, o resultado é uma grande resistência. O entrevistador não conseguirá chegar nem perto de uma resposta satisfatória, e lá se foi a entrevista, anulada pelo despreparo.

O entrevistador pode começar a conversa com uma questão mais genérica, para ganhar a confiança do entrevistado. Pode, inclusive, gastar bastante tempo com um assunto secundário, até que consiga transformar a entrevista em uma conversa agradável. Assim, desarma a resistência do entrevistado a se abrir em temas que realmente interessam ao processo seletivo. Outra regra nessas situações é: espere o entrevistado concluir sua resposta antes de fazer uma nova pergunta.

Aprenda a formular perguntas Quem quer se mostrar esperto e formula perguntas ardilosas quase sempre recebe respostas falsas. Algumas perguntas são feitas com o objetivo de produzir uma resposta favorável, enquanto outras despertam oposição. Quando se consulta se a pessoa é favorável a algo, sempre se obtém maior número de respostas positivas do que quando se pergunta se elas são contra essa mesma coisa. O emprego de um adjetivo, por sua vez, pode injetar uma carga emocional na questão.

Proteja a outra pessoa A literatura e o cinema costumam exibir entrevistas como duelos de inteligência entre detetives, advogados ou jornalistas, que têm como objetivo procurar os pontos fracos do adversário. Mas a ficção está errada. Na vida real, as pessoas que conduzem entrevistas devem fazer exatamente o oposto: formular perguntas para procurar os pontos fortes. Isso porque buscar fraquezas no outro sempre o coloca na defensiva, enquanto que o reconhecimento de pontos positivos cria um vínculo. A proteção do amor-próprio da outra pessoa é um ponto vital para a obtenção da informação desejada.

Não diga ao entrevistado o que responder De modo inconsciente, o entrevistador pode induzir o entrevistado nas respostas. Este, por sua vez, procura dar respostas que supostamente agradariam ao entrevistador. Esse processo é corriqueiro, mas pode deturpar a entrevista, fazendo com que o entrevistado acabe concordando com o entrevistador sobre determinados temas, em vez de expressar sua real opinião. Para que isso não ocorra, o entrevistador tem de ser o mais neutro possível, não deixando transparecer em sua expressão e fala intenções que podem ser captadas de forma equivocada pelo entrevistado.

Atenção à enunciação Na maior parte das vezes, ouvir de outras pessoas exatamente o que esperamos significa que pusemos palavras na boca delas. Um exemplo corriqueiro ilustra bem isso: em uma reunião de amigos, quando um deles deseja servir-se de algo que está acabando sem dividi-lo com os outros, pergunta: "Ninguém quer mais, não é?". As pessoas não se atrevem a contradizê-lo, porque sabem que quem pergunta deseja obter uma confirmação, liberando-o para que consuma sozinho o alimento.

A arte da pergunta em suspenso Não faça muitas perguntas. Em vez de interrogar, os entrevistadores profissionais motivam as pessoas a falarem sobre seus planos, desejos, interesses, experiências, esportes ou qualquer outra coisa.

Reaja às expressões de sentimento Em vez de tentar entender os fatos (quem disse ou fez o que a quem) ou dar conselhos específicos, é melhor ouvir e encorajar todas as manifestações de emoção, por mais passageiras que sejam. O reconhecimento desses sentimentos, sem julgamento ou crítica, muitas vezes tem o efeito quase mágico de fazer a pessoa se abrir, e a verdade vem à tona.

Respeito e empatia O entrevistador deve tratar o entrevistado com respeito, transmitindo uma boa impressão sobre a empresa. Deve, por exemplo, recebê-lo em um local privado, em que ele se sinta à vontade para falar, sem que haja circulação de pessoas que possam ouvir a conversa ou incomodar com barulhos.

Ler o currículo do candidato cuidadosamente antes de chamá-lo para a entrevista é essencial, para não correr o risco de fazer perguntas óbvias, cujas respostas já estão no documento, e que só mostram que o entrevistador não se preparou para a entrevista.

O que investigar As pessoas tendem a supervalorizar sua experiência ou habilidades no currículo. O papel do entrevistador, então, é verificar se as informações condizem com a realidade.

O entrevistador deve se concentrar em obter explicações consistentes e esclarecedoras sobre: lacunas de tempo entre empregos (o candidato está omitindo que está desempregado? Em caso positivo, por que foi demitido?); exagero na relação de cursos realizados (foram cursos realmente importantes e reconhecidos ou colocados apenas para causar boa impressão?); declaração de que gerenciou equipes (gerenciou ou supervisionou?); contradições em relação a tempo de experiência (muitas vezes, o candidato declara ter mais experiência do que efetivamente tem); mudanças laterais de emprego (o bom candidato tem carreira ascendente e muda de emprego para ocupar posições mais importantes); e nomes impressionantes de cargos (alguns candidatos disfarçam funções com títulos nem sempre condizentes com a realidade).

Regra dos três "erres" Um dos maiores especialistas em entrevistas, Randi Toler Sachs, da American Management Association, recomenda ao entrevistador ouvir muito, prestar atenção em tudo e estar aberto a informações, sem impor opiniões nem parâmetros. Autor de *Como se transformar em um entrevistador habilidoso*, Sachs aponta que uma das grandes dificuldades dos entrevistadores é obter respostas para perguntas consideradas difíceis. Ele recomenda a fórmula dos três "erres" para conseguir do candidato informações que reluta em fornecer: repetir, reformular, requerer. Repetir quando o candidato evita responder ou simplesmente não está suficientemente atento à pergunta. Reformular quando a pergunta soar ameaçadora ou constrangedora da primeira vez – o entrevistado deve suavizar o tom ao insistir, refazendo a questão. Requerer quando a resposta é fundamental para a entrevista: você pode exigir que ele responda, mas sempre com respeito e educação.

•DICA•

Ao ocupar cargos na área de GP, certamente, no futuro, você passará pela experiência de entrevistar candidatos. Lembre-se então de estabelecer a duração da entrevista. Se forem poucos minutos, deve-se ir direito ao assunto e evitar uma longa introdução. Esteja preparado para acompanhar o rumo que a entrevista seguir; embora possa haver um roteiro, talvez a conversa siga por outros assuntos. Nesse caso, fique atento para não se perder.

Dinâmicas de grupo

A dinâmica de grupo pode ser útil para verificar diversas características do candidato. Por exemplo, como ele trabalha em equipe, como lida com situações adversas, qual o seu poder de negociação, se se comporta como líder, se é bom ouvinte, se é capaz de receber críticas e manter-se motivado, etc. As dinâmicas são um excelente instrumento para a melhor investigação das competências comportamentais ou relacionais do indivíduo.

Essa técnica é uma forma de verificar como o candidato conduziria o trabalho e se agregaria ao time, caso fosse contratado. Com sua aplicação, os erros que fazem parte de qualquer processo seletivo podem ser reduzidos, e o próprio candidato tem a chance de avaliar sua adequação ao cargo pretendido, através da simulação de situações que futuramente terá de enfrentar.

O profissional de RH é um dos responsáveis pela parte operacional da dinâmica de grupo. Pode conduzi-la com instruções, tirando dúvidas, compilando materiais e incentivando a participação dos candidatos. A análise do que acontece na dinâmica, no entanto, fica a cargo de um psicólogo e de outros membros da empresa.

Testes psicológicos e de personalidade

Nos testes psicológicos e de personalidade, habitualmente aplicados por especialistas, os candidatos são submetidos a dinâmicas que testam suas aptidões verbal, numérica, espacial e perceptiva. Essa técnica de seleção também checa aspectos como memória associativa e raciocínio abstrato (testes psicológicos), e equilíbrio emocional, frustração, interesses e motivação (testes de personalidade). Nem sempre os testes são aplicados e, em função de sua aplicação e interpretação serem tarefa para um psicólogo, acabam sendo terceirizados – o que onera o processo e torna o período de contratação mais demorado. Os testes de personalidade quase sempre são utilizados em cargos executivos de alto nível.

Provas de conhecimentos ou de capacidades

As provas são formas de avaliar se o candidato tem o nível de conhecimentos gerais e específicos exigido pelo cargo a ser preenchido. Procuram medir aspectos técnicos, como noções de informática, contabilidade, redação e inglês, assim como a habilidade dos candidatos em certas tarefas, como o uso do computador e a operação de máquinas.

Final do processo seletivo

Nos processos seletivos, não raro acontece de vários candidatos apresentarem condições equivalentes para ocupar a mesma vaga. Por isso, eles se chamam finalistas. O órgão de seleção (a equipe de RH ou as agências de emprego) não pode impor ao órgão requisitante (uma determinada área da empresa) a aceitação dos candidatos aprovados no processo de comparação; pode apenas prestar o serviço especializado, aplicar as técnicas de seleção e recomendar aqueles que julgar mais adequados ao cargo. No entanto, a decisão de aceitar ou rejeitar candidatos é sempre do órgão requisitante. Assim, a seleção é responsabilidade de linha (do gestor) e função de staff (prestação de serviço do órgão especializado). É, portanto, um trabalho de parceria, em que a batida do martelo cabe ao líder da área requisitante.

Não é fácil escolher o candidato para a vaga, mas vencerá aquele que tiver melhor desempenho (performance) em todas as etapas. Geralmente, essa escolha é feita em uma reunião onde todos os envolvidos no processo (recrutadores e gestores) expõem suas visões e justificam o motivo da escolha. Quando todos estiverem de acordo, tem-se um novo colaborador.

Trâmites admissionais

Depois da escolha do candidato para a vaga, dá-se início ao trâmite admissional, em que o colaborador é submetido a exames médicos (adequados ao tipo de atividade que será exercida) e deverá enviar a documentação solicitada. A assinatura de contrato (que geralmente acontece no primeiro dia de trabalho) e a ambientação são os passos seguintes.

É necessário esclarecer que, apesar de os trâmites admissionais serem a parte final do processo de seleção, não é raro acontecerem falhas ou problemas nessa etapa. Nesse caso, a equipe de recrutamento é obrigada a eliminar o candidato escolhido e optar por um outro finalista – ou até mesmo reiniciar todo o processo.

A etapa de exames médicos é extremamente importante para a continuidade do candidato no processo e para a futura administração da qualidade de vida quando se tornar colaborador. A finalidade dos exames ocupacionais para o empregador é a redução do absenteísmo (excesso de ausências) motivado por doenças, a redução de acidentes potencialmente graves e a garantia de empregados adequados à função e com pleno desempenho, além de evitar implicações legais à empresa.

Será sua função – futuro profissional de RH – compilar documentos do candidato selecionado e repassá-los à equipe de QSMS (Qualidade, Saúde, Meio Ambiente e Segurança do Trabalho) da empresa, especificando o cargo da pessoa escolhida, para que esta realize o encaminhamento para exames.

O envio dos documentos é a parte burocrática do processo, mas extremamente importante, pois a ausência de algum deles pode acarretar atraso na admissão do candidato escolhido. Para firmar o contrato são necessários, no mínimo, os documentos listados a seguir:

- Carteira profissional.
- Título de eleitor (pedido a partir de 16 anos, mas só pode ser exigido a partir dos 18 anos).
- Certidão de reservista ou prova de alistamento militar (para homens a partir dos 18 anos).
- Registro profissional expedido pelos órgãos de classe (OAB, CREA, CRM, etc.).
- Cópia do CPF.
- Cópia do RG.
- Certidão de nascimento (se o selecionado for solteiro).
- Certidão de casamento (se o selecionado for casado).
- Declaração de concubinato na carteira profissional (para habilitação do companheiro ou da companheira como dependente, se for o caso).
- Certidão de nascimento dos filhos menores de 14 anos.
- Carteira de vacinação dos filhos menores de 5 anos.
- Atestado de invalidez dos filhos de qualquer idade, se for o caso.
- Comprovante de residência.
- Exame médico admissional (realizado por um médico do trabalho, que atesta que o candidato tem saúde para realizar as atividades da nova ocupação. Esse exame é de responsabilidade e custos do empregador, não do funcionário).
- Fotos (o tamanho e a quantidade ficam a critério da empresa).
- Carteira nacional de habilitação (para motoristas e pessoas que trabalhem com veículos).
- Cartão do PIS (exceto se for primeiro emprego).

Ambientação

O Programa de Ambientação é fundamental para todo o ciclo de vida do colaborador dentro da empresa. O programa é um rito de entrada, que marca a inserção desse elemento humano no organismo-empresa, socializando-o e permitindo que ele faça um reconhecimento de área.

São muitas informações que precisam ser assimiladas rapidamente ao ser admitido. Ao ingressar em uma empresa, o colaborador precisa conhecer a história da companhia, sua estrutura física, saber quem são os concorrentes, clientes, fornecedores, o motivo pelo qual ela exerce sua atividade-fim, os procedimentos internos e a forma como são conduzidos, sua preocupação com segurança e qualidade de vida no trabalho, como é feito o pagamento, além de ter mais detalhes sobre os benefícios, conhecer as áreas e as equipes que atuam nelas, etc.

Uma vez assimiladas essas informações, o recém-contratado estará apto a iniciar suas atividades. Daí para frente, basta corresponder – e, preferencialmente, exceder – as expectativas da empresa.

Pensando no futuro

O sonho de desenvolver-se como profissional está diretamente atrelado às práticas corporativas. Ao ingressar na empresa, depois de um árduo processo seletivo, cada etapa de desenvolvimento deve ser vivenciada para que o colaborador as assimile e passe efetivamente a contribuir para os resultados, demonstrando que está aprendendo continuamente sobre a organização e sobre o seu negócio. Com o passar dos anos, ele pode pleitear oportunidades de crescimento, assumir maiores riscos, subir na pirâmide e conquistar cargos estratégicos.

Segundo o coach e profissional de RH Allan Silva de Faria,[1] "todos esses planos se iniciam naquele contato inicial com a figura do

---
1 Depoimento concedido por e-mail à autora, em 15 de maio de 2016.

recrutamento. O processo seletivo é, portanto, o princípio da consolidação de um futuro promissor e gratificante – e, por isso, deve ser levado a sério". Isso vale tanto para você, em sua carreira em RH, como para as pessoas que você verá sendo admitidas em sua empresa.

Esse é o motivo de o candidato ter o dever de escolher uma empresa para trabalhar, desmistificando a realidade vivida por muitas pessoas de que lugar bom para trabalhar é aquele que tem vaga.

Talvez não valha a pena participar de um processo de seleção para uma empresa com cuja forma de agir no mercado você não concorda ou admira, em que as pessoas agem contra seus valores mais profundos, em que a estrutura é muito aquém do que você imagina para desenvolver um bom trabalho, e onde o clima de alta competição entre os colegas impede a construção e consolidação de relações saudáveis e frutíferas. Ter um emprego assim obviamente valerá como um aprendizado. No entanto, a probabilidade de que acarrete perda de tempo, de estabilidade emocional e de qualidade de vida é grande, resultando em um sentimento de frustração, incompetência e conflito constante, a ponto de que nenhum ganho financeiro compense esse desgaste.

"
É importante ter discernimento do que se quer ser, do que se quer ter a curto, médio e longo prazos, do que se idealiza para um futuro próspero. Quais são os passos para chegar aonde se quer? Estabeleça prazos! Ter esse conjunto de definições auxilia na maneira de contribuir para uma determinada organização, na forma inteligente e coesa de gerir a própria carreira e se colocar em condição de disputa com as pessoas que, teoricamente, teriam mais experiência e maturidade do que você.

Allan Silva de Faria,
coach e profissional de RH

. ATIVIDADES .

1. Como os recursos das redes sociais podem ajudar as pessoas a ter visibilidade e atrair o interesse das empresas?

2. Descreva em detalhes as atribuições do técnico de RH ao longo de um processo de R&S.

3. Por que um programa de integração de novos funcionários contribui para a qualidade de vida nas empresas?

3 CAPACITAÇÃO E **DESENVOLVIMENTO**

No capítulo anterior, falamos da atração e seleção de pessoas como o ponto de partida na relação entre os indivíduos e as empresas. Se a seleção é a porta de entrada, a aprendizagem permanente ou capacitação e desenvolvimento de pessoas (que na linguagem de RH é conhecida como C&D), tema de que trataremos neste capítulo, é a etapa seguinte para aprimorar e reter os funcionários recém-contratados ou atuantes há mais tempo em uma organização.

Por haver grande oferta de profissionais com boa formação, pode-se ter a impressão de que os colaboradores entram nas organizações prontos para cumprir suas responsabilidades e funções. Um olhar mais atento, no entanto, revela que grande parte precisa de oportunidades de desenvolvimento para aprimorar competências existentes (atuais) ou desenvolvê-las (ampliar seu campo de conhecimentos, habilidades e atitudes, ou CHA, que vimos no primeiro capítulo).

Na Era do Conhecimento – em que as empresas devem constantemente inovar, oferecendo melhores produtos e serviços –, é evidente que as pessoas não podem parar de aprender e se desenvolver. Afinal, o conhecimento adquirido hoje pode estar obsoleto amanhã. Diz-se que, no ambiente dinâmico e de mudanças velozes em que vivemos, uma das maiores virtudes ou competências de um funcionário é saber aprender, aprender a desaprender e reaprender, como explicado por Alvin Toffler no livro *A terceira onda*. Assim, torna-se cada vez mais importante a capacitação e o desenvolvimento.

O desenvolvimento organizacional é, em essência, o desenvolvimento de pessoas, pois são elas que fazem a organização acontecer, diariamente.

Nas empresas, outro fator que confere enorme importância à aprendizagem permanente das pessoas é a retenção dos funcionários. Hoje, se os funcionários sentirem que estão parados no tempo, que não estão tendo crescimento intelectual/relacional – ou seja, que seu repertório de competências não está sendo ampliado –, eles se tornam altamente propensos a deixar a organização levando consigo tudo o que sabem. Por isso, as empresas devem procurar atrelar o desenvolvimento pessoal ao organizacional. Se as pessoas não vislumbrarem possibilidades de crescimento, se não perceberem nos líderes/gestores estímulos ao desenvolvimento, elas passam a buscar posições em outros lugares – já que se "sentem em segundo plano".

Isso é patente especialmente nas pessoas da geração Y, mais aceleradas e com necessidade constante de desafios e novos aprendizados. Em muitas pesquisas, o fator aprendizagem permanente ou desenvolvimento contínuo pesa mais do que o fator remuneração no processo de retenção de talentos das empresas.

O quanto a empresa investe em capacitação diz muito a respeito de como ela realmente enxerga o ser humano. Ram Charan, indiano consagrado em gestão do conhecimento e desenvolvimento organizacional, observa: "É melhor gastar mais tempo com as pessoas, porque são elas que entregam os números, do que com os números, que não entregam pessoas" (CHARAN *apud* SALIBI NETO, 2010). Se a empresa realmente enxergar o corpo de funcionários como seu real diferencial competitivo, não poupará esforços para colocar a educação corporativa como um dos pilares de sua estratégia.

A capacitação é uma prática corporativa que permite aos colaboradores fazer o que é necessário de forma correta e eficiente. Ela favorece o aprimoramento das competências existentes – ou o desenvolvimento de novas – para melhorar o desempenho individual e organizacional.

Diz-se muito que é uma responsabilidade da empresa criar espaços para a formação permanente do seu corpo de colaboradores. É verdade que os funcionários devem ser orientados e estimulados a pensar, discutir, ter novas perspectivas e aprender técnicas. Certamente, exigir das pessoas uma excelente produtividade e desempenho sem capacitá-las e desenvolvê-las é um erro empresarial. No capítulo 2, observamos que hoje o indivíduo é o grande responsável pela gestão de sua carreira e por sua empregabilidade. Na verdade, no processo de ensino-aprendizagem nas empresas, tem grande peso a responsabilidade da pessoa por seu autodesenvolvimento: ela deve ser a maior interessada em querer aprender, em abrir-se ao novo, em procurar desenvolver-se continuamente. O autodesenvolvimento é, certamente, uma via de mão-dupla, em que precisa haver vontade, responsabilidade e sinergia.

Você certamente já participou de uma aula ou treinamento em que não tinha o menor interesse pelo tema, ou que parecia não se conectar com sua carreira e com a vida prática. Nessa aula, provavelmente ficou com sono, entediado, contando os minutos para que terminasse. Esse exemplo mostra como o sucesso dos programas de capacitação de funcionários não depende só da iniciativa da empresa de contratar bons instrutores, oferecer a estrutura para a atividade e embalar o conteúdo com didática. Se os colaboradores não perceberem a importância, o sentido e a aplicação da capacitação em seu dia a dia, a empresa terá jogado dinheiro fora. Esses são alguns dos desafios da arte e ciência de educar adultos, denominada andragogia.

Por ora, o que queremos que você absorva é que o seu desenvolvimento na empresa em que trabalha ou trabalhará depende não só da aposta e do investimento que ela faz em programas educativos, mas também do seu próprio investimento emocional e intelectual: você tem que estar com o coração e a mente predispostos a aprender. Se não estiver presente na capacitação de corpo e alma, estará não só perdendo o seu tempo, mas também desperdiçando recursos e energia da organização.

Como futuro profissional de RH, é fundamental que você preste atenção ao nível de envolvimento e engajamento dos funcionários nos programas de capacitação oferecidos pela empresa, caso participe do planejamento ou da divulgação dessas atividades. Essa percepção do quanto as pessoas estão motivadas a participar e a aprender é um dos pilares do sucesso das ações de C&D.

Uma diferenciação necessária

Você deve estar se perguntando: por que neste livro é usada a expressão capacitação e desenvolvimento de pessoas, em vez do tão conhecido termo "treinamento"?

Apesar de *treinamento* ser de fato o jargão mais utilizado e difundido dentro das organizações para designar essa área ou atividade, a visão mais contemporânea da gestão de pessoas considera que o paradigma do treinamento não reflete nem dá conta dos desafios empresariais do presente. As empresas mais conectadas com a Era do Conhecimento abraçam o paradigma da capacitação e desenvolvimento de pessoas e não o do treinamento, que nasceu na Era Industrial.

Paradigma é um modo de pensar. Significa modelo, padrão. É o conjunto de crenças de uma pessoa, de um grupo ou de toda uma sociedade em um determinado tempo histórico. São as lentes que usamos para ver e ler o mundo. Mais adiante, explicaremos as principais diferenças entre os paradigmas do treinamento e da capacitação, cujas definições simples são:

▌ **Paradigma do treinamento:** pressupõe uma visão mecanicista ao olhar o ser humano como peça de uma engrenagem. Geralmente, o termo treinamento é usado para caracterizar um evento único, pontual, isolado, voltado para a aquisição ou o aprimoramento de qualificações técnicas e/ou motoras de um indivíduo. É direcionado para tarefas e eficaz especificamente no aspecto técnico-operacional. Essa abordagem foi muito comum entre os anos 1950 e 1990, apesar de ainda ser adotada por muitas empresas.

▌ **Paradigma da capacitação:** traz uma visão holística ou integral do ser humano, dotado de razão e emoção. Caracteriza um processo contínuo, de educação permanente, voltado para a aquisição ou o desenvolvimento de competências. Ganhou força a partir dos anos 1990, com a complexidade dos desafios impostos pela Era do Conhecimento.

Paradigma do treinamento

Quando pensamos em treinamento, comumente fazemos algumas associações: adestramento, condicionamento, rigidez, regra, repetição, padronização. O termo designa a qualificação do indivíduo para exercer atividades ou tarefas técnicas e/ou motoras – como operar uma máquina de perfuração de poços, fazer planilhas no Excel, digitar no Word, executar procedimentos de segurança, manusear uma ferramenta de relacionamento com clientes, etc.

Soa estranho falar em treinamento para uma competência eminentemente comportamental como liderança. Não se forma um líder de verdade treinando-o em uma sala de aula, submetendo-o a explicações teóricas sobre o que é liderança e a exercícios práticos. Nesse tipo de dinâmica, o funcionário pode até apreender conceitos e obter um panorama sobre o que é liderar. No entanto, ele não sairá um líder pronto depois de um treinamento. Na abordagem ou paradigma da capacitação, acredita-se que não se treinam ou adestram pessoas, mas sim as capacitam, as desenvolvem em uma perspectiva permanente ou continuada. A capacitação e o desenvolvimento de uma pessoa para a liderança, portanto, se dá por vários meses e com diversas metodologias, além de workshops sobre o tema.

O treinamento foi o grande maestro da Era Industrial – tempo da produção em massa. Naquela época, as pessoas eram contratadas para executar tarefas repetitivas, burocráticas. Elas eram incitadas a aprender um único padrão de conduta e nele permanecer. A disciplina era o valor fundamental, não se pagava o operário para pensar, para pedir sua contribuição intelectual e, sim, para executar. Hoje se deseja – ou melhor, se exige – muito mais dos colaboradores nas empresas: eles têm de pensar, criar, inovar, tomar decisões, fazer mais por menos. Não dá para chegar a esse resultado diferente utilizando os mesmos instrumentos do passado. É por isso que as empresas devem, cada vez mais, migrar do paradigma do treinamento para o da capacitação e desenvolvimento de pessoas, ou da aprendizagem permanente.

•DICA•
Como profissional de RH, é importante perceber se a empresa adota o paradigma do treinamento ou da capacitação, sendo que essas duas abordagens podem coexistir em uma mesma organização. Apesar de o paradigma do treinamento não ser o mais adequado para os desafios da era atual, ele continua sendo a tônica em muitas empresas.

Não se trata, absolutamente, de demonizar o treinamento, até porque ele tem a sua validade nos dias atuais – e sempre terá –, pelo retorno a curto prazo: se você treinar um funcionário na ferramenta Excel, ele voltará à sua baia de trabalho com novos conhecimentos que porá em prática imediatamente, para construir planilhas de controle de custos, por exemplo; e com a prática, obviamente, aprimorará suas habilidades nesse programa. Mas é preciso compreender que o treinamento (MELLO; OLIVEIRA; BOECHAT, 2016):

- tem um foco bem demarcado, e o aprendizado é restrito ao conteúdo técnico do cargo;
- é geralmente uma atividade pontual (que acontece hoje e pode não acontecer amanhã);
- gera expectativa de um resultado instantâneo, para objetivos específicos de um setor ou da empresa.

A questão é que as empresas não podem pensar apenas no desenvolvimento das pessoas a curto prazo: elas devem incentivar em seus colaboradores as competências com foco no negócio – como excelência em atendimento, negociação, liderança e criatividade –, que demandam um tempo maior para serem desenvolvidas ou aprimoradas, e muitas vezes demoram a dar resultados. Note que o foco do treinamento é essencialmente em tarefas e não em competências, especialmente as comportamentais, que ganham enorme importância hoje.

O paradigma do treinamento nas empresas reproduz o modelo baseado na escuta e na passividade que vivenciamos na escola: ele geralmente acontece por meio da transmissão de informações e conhecimentos de uma pessoa (o instrutor, aquele que detém o conhecimento) para outras (os treinandos) pela explanação oral (aula, seminário, simpósio, workshop). O treinando ou aprendiz é, na sua relação com a empresa, um sujeito passivo em seu processo de autodesenvolvimento: ele simplesmente se limita a absorver o que a empresa quer ensinar, de acordo com as suas necessidades de mercado, acatando seus direcionamentos. Isso não é admissível nos dias de hoje, em que a pessoa não tem mais uma relação de estabilidade e previsibilidade com as organizações, mas deve ser a dona da própria carreira: ela precisa ser sujeito ativo, comandante do próprio destino e adquirir competências até mesmo por conta própria – por meio de qualificações e processos de aprendizagem realizados fora da empresa em que trabalha.

Paradigma da capacitação

O paradigma da capacitação parte da premissa de que o colaborador é o protagonista de seu autodesenvolvimento, portanto, não deve deixar esse direcionamento e processo decisório a cargo da empresa. A organização que adota o paradigma da capacitação oferece oportunidades de desenvolvimento aos colaboradores para que possam ir ao encontro de suas vontades e vocações, ampliando as esferas profissional e pessoal.

A capacitação parte da premissa de que o indivíduo não nasce pronto – ou melhor, ele nunca está pronto. Sempre há algo a aprender, a melhorar. Trata-se de uma visão muito mais abrangente tanto da educação (um processo que se prolonga por toda a vida, sendo, portanto, infinito) quanto do ser humano – nada tecnicista e mecanicista. Por isso, no paradigma da capacitação – ao contrário do paradigma do treinamento, no qual se acredita que o indivíduo "fica pronto" – o sujeito está em construção. Acredita-se na força de um processo contínuo e não pontual, episódico, de aprendizagem. Essa crença leva empresas a estruturarem universidades corporativas que disponibilizam, de forma permanente, programas de capacitação aos seus colaboradores.

No paradigma da capacitação, o sujeito está sempre em construção.

A educação continuada, ou o desenvolvimento do indivíduo, não se faz apenas com a promoção de cursos: ela pode incluir leituras, filmes, debates, visitas guiadas a empresas, peças de teatro, consulta a sites, etc. Na verdade, o desenvolvimento profissional/humano é algo muito mais amplo, que não se esgota nas ações de capacitação da empresa: ele envolve vivências, traumas, decepções, alegrias, viagens, etc. Nessa seara, tem muito valor o aspecto qualitativo de cada experiência vivida: não se trata apenas da quantidade de cursos ou do tempo de atuação, mas sim de como foram aproveitadas essas experiências.

Organizações que investem no paradigma da capacitação:

- Abraçam a premissa de que os indivíduos são seres únicos, que aprendem de formas e em tempos diferentes. Como consequência, vão muito além dos treinamentos e adotam metodologias como dramatização, coaching, participação em projetos, dentre outras.
- Sabem que as transformações substanciais e profundas das pessoas dependem de amadurecimento cognitivo-emocional, que demanda tempo e investimento a médio e longo prazos.
- Acreditam que a aprendizagem pode ser 24 horas por dia, 7 dias por semana. Enquanto no treinamento a aprendizagem se dá necessariamente em um local – uma sala de aula –, na capacitação, a aprendizagem pode acontecer de várias formas, em qualquer lugar, a qualquer hora – como em uma plataforma da intranet com cursos interativos ou jogos para celular, por exemplo.
- Adotam o modelo de gestão por competências (MGC, que vimos no capítulo 1) para criar e implementar um plano de ação. Elas partem de sua estratégia – ou seja, de suas competências organizacionais, do que querem ser – para chegar às competências que seus funcionários devem ter (competências funcionais). Agindo assim, conseguem criar programas estratégicos de educação continuada, em que os colaboradores (de vários níveis hierárquicos e setores) são capacitados.

Retome o exemplo da empresa aérea Team, que analisamos no primeiro capítulo. Para ter sucesso no mercado, essa organização deve oferecer aos comissários de bordo programas de educação continuada em competências mapeadas como importantes para essa ocupação:

- **Foco em segurança** (conhecer os procedimentos e colocá-los em prática em diversas situações, como em uma emergência).
- **Domínio tecnológico e técnico sobre os equipamentos que manuseiam durante o voo** (saber como um balão de oxigênio funciona e como operá-lo, por exemplo).
- **Agilidade.**
- **Pontualidade.**
- **Proatividade.**
- **Comunicação interpessoal** (prestatividade e boa educação).
- **Atuação em equipe.**
- **Higiene.**
- **Apresentação pessoal.**

Todas essas competências funcionais dos comissários derivam das competências organizacionais da Team. Portanto, deve ser uma política da empresa oferecer de modo articulado e sistemático oportunidades de aperfeiçoamento e desenvolvimento dessas competências.

Vale repetir que o MGC é considerado ideal para as empresas conectadas com a Era do Conhecimento, pois confere assertividade à decisão de quais competências devem ser desenvolvidas e recicladas nos colaboradores. Isso reduz as chances de a empresa desperdiçar dinheiro em ações de capacitação que nada têm a ver com a forma como ela quer ser reconhecida no mercado. Além disso, o MGC permite que as competências aprimoradas ou desenvolvidas por meio da capacitação dos colaboradores sejam mensuradas ou avaliadas com maior precisão – até mesmo por meio de atividades práticas –, como veremos no capítulo 4, sobre avaliação de desempenho.

Ao adotar o paradigma da capacitação, as organizações apostam na eficiência do aprender agindo, em vez do aprender ouvindo, pois sabem que o ato de ouvir em palestras e seminários não é suficiente para desenvolver competências. Sabendo da limitação de ouvir sentado, própria do processo educacional, essas empresas contemplam em seus programas de educação corporativa espaços para a prática observada/orientada pelos colegas e gestores no dia a dia – é o caso de programas de trainee ou de rotação de cargos (*job rotation*). É na ação, na prática, *on the job*, colocando a mão na massa, que efetivamente se adquirem competências.

Com esse paradigma, as organizações têm uma visão bem mais abrangente de quais colaboradores necessitam ser capacitados, podendo considerar que não são só os empregados que devem participar dos programas de capacitação e desenvolvimento, mas também parceiros, fornecedores e distribuidores. Além de ter uma percepção mais abrangente da educação, elas sabem que todas as partes causam impacto nos resultados do negócio e têm de estar alinhadas. Um exemplo: para uma empresa fabricante de iogurtes, o transporte adequado de seus produtos até o ponto de venda é fundamental para que cheguem resfriados e sem estar estragados ou com a embalagem amassada. É estratégico para a organização, portanto, oferecer capacitação às empresas terceirizadas que fazem a distribuição. Desse modo, ela está envolvendo não só funcionários em seus programas de educação permanente, mas também distribuidores, já que eles exercem um papel importante na qualidade dos produtos percebida pelos clientes.

Se, no paradigma do treinamento, o corpo docente é formado basicamente por professores/consultores de universidades, no paradigma da capacitação a grande sacada é o envolvimento de gerentes sêniores e funcionários que gostam de transmitir conhecimento e experiências, além de profissionais externos, no processo de ensino-aprendizagem. As organizações conseguem avaliar quais profissionais podem formar seu corpo docente e ministrar as ações de C&D. Não à toa proliferam nas empresas os programas de multiplicadores do conhecimento: funcionários com aptidão para ensinar tornam-se professores/instrutores de seus pares ou subordinados. Na Fullworks, uma das maiores empresas de produção de comunicação visual do Rio de Janeiro, há um programa estruturado de formação permanente, inclusive em didática. O diretor Edward Ponte[1] comenta a respeito:

> Criamos um sistema de produção no qual o ser humano é o centro de tudo. Queremos que as pessoas sejam felizes, e um indivíduo se sente feliz quando se sente útil. Por isso, empoderamos nossos colaboradores: eles estudam didática para compreender e vivenciar o processo de ensino-aprendizagem e, assim, transmitir conhecimentos uns aos outros, gerando uma espiral positiva em toda a organização.

O Banco do Brasil é uma instituição que se utiliza muito dessa boa prática em sua universidade corporativa. Isso valoriza a "prata da casa", gera senso de pertencimento (cidadania corporativa), engaja mais fortemente as pessoas (que se sentem reconhecidas pelo que sabem) e não exclui a participação sinérgica de profissionais de fora, que trazem novas perspectivas à organização. Por outro lado, os funcionários que recebem a capacitação ficam felizes ao ver seus colegas assumindo posições de destaque no desenvolvimento do capital humano da empresa.

Como o ambiente externo e a concorrência mudam o tempo todo, as organizações têm de mudar na mesma velocidade. A cada dia, competências são diagnosticadas como necessárias para o sucesso da empresa – cabendo a ela desenvolvê-las em seus funcionários. As empresas antenadas com as tendências do mundo contemporâneo estão certas de que seu maior desafio é se tornar o que Peter Senge (2006, p. 11) denominou "organização de aprendizagem" (*learning organization*): uma corporação onde "as pessoas expandem continuamente sua capacidade de criar os resultados que realmente desejam, onde surgem novos e elevados padrões de raciocínio, onde a aspiração coletiva é liberada e onde as pessoas aprendem continuamente a aprender em grupo."

---
1 Depoimento concedido pessoalmente à autora, em 26 de abril de 2016.

Essas empresas devem fazer com que as pessoas não só se capacitem permanentemente, mas também compartilhem esse conhecimento – que tende a crescer. A troca de experiências entre quem vivenciou a capacitação e a equipe pode ser feita por meio de conversas formais e informais, workshops e reuniões internas, apresentações ao grupo e registro em plataformas informatizadas.

Um dos desafios é convencer os funcionários sobre a importância da mudança de atitudes e comportamentos: é preciso compartilhar de verdade com o colega o que se sabe (e não reter informações), não boicotar o outro, estar ciente de que um único ponto de vista nunca é o suficiente para esgotar uma questão (daí a importância de ser humilde e de saber trabalhar em equipe). Uma organização de aprendizagem, que quer aprender continuamente, também deve ter uma postura de abertura ao erro e aos riscos: coisas novas não surgem nem são aprendidas sem erros no meio do caminho. Esse modelo de organização estimula que as pessoas façam, experimentem e errem.

As empresas que investem na capacitação consideram que a responsabilidade pela aprendizagem seja algo compartilhado entre diversas instâncias. Essa é uma tarefa que não cabe apenas a um departamento – a área de gestão de pessoas –, sendo responsabilidade de diversos atores: diretores, gestores, equipe e também a área de GP. Novamente, na era da empregabilidade, o maior interessado em seu desenvolvimento deve ser o próprio indivíduo – dono do seu destino, de sua carreira.

As empresas que investem na capacitação consideram a responsabilidade pela aprendizagem algo compartilhado entre diretores, gestores, equipe e a área de GP.

O quadro a seguir resume as principais diferenças entre os paradigmas do treinamento e da capacitação:

QUADRO 1 | Paradigmas do treinamento e da capacitação – FONTE: adaptado de Mello, Oliveira e Boechat (2016, p. 34)

FATOR DE COMPARAÇÃO	PARADIGMA DO TREINAMENTO	PARADIGMA DA CAPACITAÇÃO
LOCAL	APRENDIZAGEM DISPONÍVEL EM UMA INSTALAÇÃO FÍSICA (EDIFÍCIO DA EMPRESA).	APRENDIZAGEM DISPONÍVEL SEMPRE QUE SOLICITADA, EM QUALQUER LUGAR, A QUALQUER HORA.
CONTEÚDO OU OBJETIVO	ATUALIZAR QUALIFICAÇÕES TÉCNICAS E ADEQUAR O TRABALHADOR AOS MÉTODOS E PROCEDIMENTOS ESTABELECIDOS.	DESENVOLVER COMPETÊNCIAS DO AMBIENTE DE NEGÓCIOS.
METODOLOGIA	APRENDER OUVINDO.	APRENDER AGINDO.
PÚBLICO-ALVO	FUNCIONÁRIOS.	EQUIPES FORMADAS POR FUNCIONÁRIOS, CLIENTES, FORNECEDORES E DISTRIBUIDORES.
CORPO DOCENTE	PROFESSORES/CONSULTORES DE UNIVERSIDADES.	GERENTES SÊNIORES, PROFESSORES UNIVERSITÁRIOS E CONSULTORES.
FREQUÊNCIA	EVENTO ÚNICO.	PROCESSO CONTÍNUO DE APRENDIZAGEM.
META	DESENVOLVER QUALIFICAÇÕES TÉCNICAS E CONHECIMENTOS.	SOLUCIONAR PROBLEMAS EMPRESARIAIS E MELHORAR O DESEMPENHO NO TRABALHO.
RESPONSABILIDADE	SETOR DE RECURSOS HUMANOS.	RECURSOS HUMANOS E OUTROS DEPARTAMENTOS, GESTORES E O PRÓPRIO FUNCIONÁRIO.

Estratégia de capacitação e desenvolvimento

Agora que você já compreendeu a importância da adoção do paradigma da capacitação para as empresas, conhecerá o processo de como capacitar e desenvolver pessoas. Geralmente, ele se dá em quatro etapas principais, brevemente definidas a seguir:

- **Diagnóstico:** fase que permite definir com clareza as competências a serem desenvolvidas/aprimoradas, os problemas a serem tratados e os objetivos a serem atingidos.
- **Planejamento:** fase dedicada à criação das ações de capacitação e desenvolvimento. É o momento de elaboração do plano de ação, no qual devem ser definidas as ações de educação continuada (o que serão, por que/por quem/como/

onde/quando serão feitas). Nessa fase também se define como o processo será avaliado.

▎**Execução:** refere-se à implementação propriamente dita do que foi planejado. Nessa etapa, toda a logística entra em ação.

▎**Avaliação:** momento em que se verifica se os objetivos previamente determinados foram alcançados. A avaliação tem a finalidade de promover o aprimoramento contínuo das ações de capacitação e desenvolvimento da empresa.

Passemos agora a um maior detalhamento de cada uma dessas fases.

Diagnóstico

O diagnóstico é o ponto de partida, o primeiro passo, que é o levantamento e a definição precisa do conjunto de competências a serem desenvolvidas/aprimoradas nas ações de capacitação e desenvolvimento. É o momento em que a empresa levanta as necessidades de capacitação de seus funcionários – de diversas áreas e níveis hierárquicos. Essa fase é crucial e não admite erros! Ela define a base sobre a qual as demais etapas serão construídas. Se for malfeita, não só as comprometerá, mas também levará ao não atendimento dos objetivos estratégicos da organização, afetando suas chances de sucesso.

Nas empresas, essa etapa geralmente se chama levantamento das necessidades de treinamento (LNT), que consiste em um formulário disponibilizado aos gestores de áreas para que eles o preencham com os treinamentos que julgam necessários aos funcionários de sua equipe para que desenvolvam competências.

Pelo que aprendemos até aqui – a diferença entre o paradigma do treinamento e o da capacitação –, você deve estar deduzindo que o LNT é um meio ou instrumento insuficiente para mapear com precisão as competências a serem desenvolvidas ou aprimoradas no corpo de colaboradores e determinar suas necessidades de capacitação. O LNT simplesmente não basta para um diagnóstico global e estratégico.

Como futuro profissional de RH, ao auxiliar seus gestores na etapa de diagnóstico, saiba que esse formulário não é a única opção para um processo consistente de capacitação e desenvolvimento na sua empresa. Então, como fazer um diagnóstico global, abrangente, integrado e certeiro das necessidades de capacitação das pessoas da sua empresa? Você e seus gestores possuem vários instrumentos em mãos:

- **Planejamento estratégico:** o planejamento estratégico da organização e suas competências organizacionais (básicas e diferenciadoras) são o grande referencial para gerar programas de capacitação efetivamente vinculados aos objetivos da empresa. Se a área de gestão de pessoas de sua empresa for regida pelo MGC, você terá em mãos as competências funcionais como reflexo ou derivação das competências organizacionais – como no exemplo das comissárias de bordo da empresa Team, no capítulo 1.

- **Cultura organizacional:** olhar para os valores que fazem parte da cultura da empresa também é muito importante no processo de diagnóstico. Esse conjunto de princípios define uma série de atitudes desejáveis que os colaboradores tenham. Se um dos valores defendidos por uma empresa é a sustentabilidade, por exemplo, isso demandará ações de sensibilização e capacitação dos funcionários para que transformem esse norteador em prática. Estimular a redução do consumo de água e de copos descartáveis é um exemplo de como os valores culturais lançam luzes sobre as ações de capacitação. Em um programa de integração/orientação de novos funcionários, isso não pode faltar!

- **Análise das operações e tarefas:** essa análise tem como fundamento os requisitos exigidos para o bom desempenho de cada cargo. Ela é importante para esmiuçar o conjunto de habilidades que devem ser aprimoradas ou desenvolvidas, especialmente nas tarefas de caráter mais técnico e operacional. O planejamento estratégico está ligado à análise das operações e tarefas. Ao juntar planejamento estratégico e cultura organizacional, é possível saber o que aprimorar ou desenvolver em uma equipe, como no exemplo do capítulo 1, das comissárias de bordo e atendentes de balcão (check-in) da companhia aérea Team.

▎**Observação do ambiente:** o cenário socioeconômico e tecnológico no qual a empresa está inserida fornece pistas importantes sobre as competências que devem ser aprimoradas ou desenvolvidas nos integrantes da organização. O que os concorrentes estão fazendo, mudanças na legislação e na tecnologia, transformações no comportamento dos consumidores – tudo isso funciona como alerta sobre os conhecimentos, habilidades e atitudes que os colaboradores devem ter a curto, médio e longo prazos. É por isso que se diz que o diagnóstico deve ser não só retrospectivo, mas também prospectivo e contínuo. Da parte da própria empresa, indicadores de necessidade de capacitação podem ser o início de uma operação (expansão dos serviços), a preparação para fusão ou aquisição (expansão da empresa), o aumento de metas de produtividade e vendas (conquista de mercados), a modernização de maquinário e equipamentos ou a implantação de uma nova tecnologia, a mudança de políticas, métodos e processos de trabalho, a alteração no quadro de empregados (contratações ou demissões). Todas essas são questões que necessitam de soluções específicas da equipe de capacitação e desenvolvimento.

▎**Entrevistas com gestores de áreas:** os gestores possuem visões e *insights* interessantes acerca de capacitações que membros da sua equipe devem receber. Um gestor de vendas, por exemplo, pode perceber que as vendas a turistas estão aumentando e solicitar à empresa que mais atendentes de sua equipe sejam capacitados em inglês. Como profissional de RH, você deve estar sempre atento ao que os gestores revelam. Reuniões e grupos de discussão com eles são importantes na fase de diagnóstico, para identificar objetivos e necessidades.

- **Pesquisa de clima:** aplicada de forma sistemática (com uma frequência regular, de modo a não perder credibilidade), a pesquisa de clima organizacional funciona como um ótimo termômetro da empresa. Ela revela demandas relacionadas à motivação de seus membros. Se grande parte dos funcionários se declara "inseguro na empresa" em uma pesquisa de clima, colocando-se como não conhecedores dos procedimentos mais básicos de segurança, isso é um forte sinal para que a equipe de capacitação e desenvolvimento invista mais pesado nessa temática.

- **Avaliações de desempenho e de potencial:** informam as necessidades de capacitação atuais e futuras dos funcionários. Enquanto a Avaliação de desempenho revela a performance do colaborador no momento, a de potencial indica as aptidões e inclinações da pessoa na linha de progressão de carreira (e também suas limitações). Pessoas que apresentam potencial para assumir cargos de gestão, por exemplo, devem ser encaminhadas para programas de formação de líderes para que possam ingressar no fluxo do processo sucessório da organização. O Plano de Desenvolvimento Individual (PDI) também é um instrumento importante na trajetória de carreira na empresa: é nele que se desenha a caminhada ideal do colaborador e são registradas as competências que deve aprimorar e desenvolver para cada novo passo na hierarquia, além das necessidades de capacitação. Testes de conhecimento geralmente fazem parte desse caminho, porque ajudam a definir a avaliação de aprendizagem futura.

- **Análise de indicadores:** os indicadores de RH/GP e da organização – como queda do *market share*, alto índice de rotatividade e absenteísmo, diminuição da receita líquida, baixa produtividade, elevado número de acidentes e excesso de desperdícios – podem e devem funcionar como insumos para o diagnóstico ou levantamento das necessidades de capacitação.

Como técnico de RH, seu papel será o de auxiliar analistas, coordenadores, supervisores e gerentes a fazer com que o LNT seja o mais completo e coerente possível. E lembre-se: com o Modelo de Gestão por Competência, garante-se que o foco das ações de capacitação seja o desenvolvimento de competências necessárias ao conjunto da organização (sucesso da estratégia) e à vida profissional dos indivíduos.

Planejamento

É muito comum a equipe de GP se reunir anualmente não só para diagnosticar as necessidades de capacitação, mas também para conceber um plano de ação de educação continuada que contenha programas de capacitação destinados a vários públicos-alvo, cada um com objetivo bem definido.

Um instrumento muito utilizado – e muito didático – nessa fase de criação das ações/iniciativas de capacitação e desenvolvimento é a chamada Ferramenta 5W2H. Nela, respondemos a sete perguntas:

1. **O que fazer? (What?):** definição sobre que tipo de ação de capacitação será feita. O que precisa ser ensinado? Quais competências existentes precisam ser aprimoradas? Há competências a serem desenvolvidas? Que conteúdos serão contemplados nessa ação de capacitação e desenvolvimento? Por exemplo, "o que fazer" pode ser um programa de aperfeiçoamento da competência atendimento para 5 mil atendentes de uma loja de eletrodomésticos com filiais em todo o país. Como se percebe, devemos definir também "quem" deverá ser capacitado (o público-alvo): todos os empregados, todos os ocupantes de um determinado cargo ou apenas alguns deles?

2. **Por que fazer? (Why?):** aqui se justifica a pertinência da ação de capacitação e desenvolvimento que está sendo proposta. Algumas perguntas podem ajudar nessa definição: qual o

objetivo da capacitação? Por que ela é importante?, etc. Nessa justificativa, é desejável mencionar o ambiente interno e o cenário externo à organização: aumento da concorrência, perda da excelência no atendimento, transformação no perfil dos consumidores e despreparo dos atendentes para entender essas novas características. Em resumo, é importante explicar com clareza à diretoria que aprova o orçamento de C&D por que certas ações de capacitação são importantes. Os recursos são finitos, e nenhuma empresa consegue aprovar anualmente todos os programas de capacitação que seriam desejáveis. Portanto, eles serão colocados em uma hierarquia de prioridades, considerando o planejamento estratégico da empresa.

3. **Como fazer? (How?):** corresponde à maneira como as pessoas são capacitadas, ou seja, define as ações (formais e não formais) que comporão o programa de capacitação. Entre as ações de ensino-aprendizagem que podem ser usadas destacam-se workshops e dramatizações seguidas de debates. Outro ponto a ser definido é quem ministrará as ações: os funcionários serão os instrutores (multiplicadores do conhecimento) ou serão contratados profissionais terceirizados para isso? Depois de resolvidas essas questões, é preciso definir quais tipos de avaliação serão usados para medir a eficácia das ações de C&D. Trata-se da escolha de indicadores para medir o resultado dessas ações. Os parâmetros podem ser a diminuição da rotatividade de funcionários, o aumento da nota média da satisfação dos clientes, entre outros. Sintetizando, esta etapa é um exercício de imaginação de toda a operacionalização do processo, de como ele deve ocorrer para gerar resultados, como o aperfeiçoamento dos funcionários e o incremento dos resultados da organização. É importante destacar que até mesmo a etapa de sensibilização dos colaboradores para determinado tipo de capacitação deve ser pensada (fazer com que percebam a pertinência de um curso e se motivem a participar), além do período de divulgação da capacitação.

4. **Quem responde? (*Who?*):** sabemos que iniciativas "sem dono" acabam não sendo realizadas. Nesta etapa, portanto, são indicadas as pessoas responsáveis pelas ações de C&D.

5. **Quando fazer? (*When?*):** estabelecimento da estratégia de execução das ações, com datas e prazos (cronograma). Nesta fase, determina-se a época mais oportuna do ano para a realização de cada ação, com a elaboração de um calendário.

6. **Onde fazer? (*Where?*):** definição do local onde será feita a capacitação.

7. **Quanto custa? (*How much?*):** nesta fase, estipula-se o valor do investimento a ser realizado. Para defini-lo, geralmente levam-se em conta a remuneração dos instrutores, o aluguel dos espaços, as despesas com a confecção de material didático, transporte, alimentação/*coffee-break*, entre outros.

•DICA•

Quando desenhar uma ação de capacitação ao lado de seu gestor, lembre-se de que você deve:
- Descrever com clareza o que é essa iniciativa.
- Justificar por que a iniciativa é importante.
- Listar as competências a serem desenvolvidas.
- Identificar o público-alvo a ser trabalhado.
- Definir os indicadores de resultados da ação.
- Estabelecer cronograma e investimento.

Execução

Entre os vários programas de C&D, destacam-se os de formação de lideranças, ambientação/integração (cidadania corporativa), estágio e trainee e multiplicadores internos.

Como dissemos, a execução refere-se à implementação do que foi planejado. Nesta etapa, toda a logística entra em ação. É a hora da verdade, em que as coisas idealizadas efetivamente acontecem. A execução do plano de ação está intimamente ligada ao cumprimento do cronograma e à aplicação das avaliações.

A execução das ações de C&D precisa ser bem-sucedida; do contrário, a organização desperdiçará recursos financeiros e tempo. Tudo deve acontecer conforme ou até melhor do que o planejado. Como profissional de RH, você poderá ser solicitado para uma série de demandas na fase de execução:

- Realizar reserva de passagens aéreas e hospedagem para consultores/palestrantes que participem de iniciativas de capacitação e desenvolvimento; recebê-los munido de todas as informações e fazer com que se sintam bem recebidos e acolhidos.
- Acompanhar todo o processo de produção de material didático, quando necessário, checando a quantidade adequada ao número de participantes, a qualidade da impressão, etc.
- Certificar-se de que o local de aprendizagem está bem equipado: *datashow*, computador e aparelhagem de som previamente testados, ar condicionado na temperatura ideal e acústica adequada.
- Monitorar a entrada e a saída dos participantes nos horários estabelecidos (para *coffee-break*, por exemplo) e observar seu estado de espírito: os comentários nos intervalos são insumos importantes para a avaliação global das ações de C&D.
- Auxiliar na aplicação das avaliações.

Muitas vezes, as empresas se esquecem de uma questão central na fase de execução das ações de C&D: antes de alocar um funcionário para uma ação de capacitação (seja em sala de aula, seja em um ambiente de educação virtual), é preciso convencê-lo da importância e da necessidade de desenvolvimento de determinada competência. Deve-se despertar o interesse das pessoas. O adulto não gosta do que é imposto, do que desconsidera a sua motivação. Ele precisa enxergar sentido e aplicabilidade em determinada capacitação, e ser previamente sensibilizado, para comprar seus benefícios.

A maioria das empresas, porém, negligencia essa fase de sensibilização, quando o mais adequado seria conversar com o funcionário ou grupo e checar se uma determinada capacitação é realmente vista como instrumento para promover a melhoria da execução de suas tarefas diárias, da relação com colegas e fornecedores, do aprimoramento de competências e da progressão da carreira. De que adianta, por exemplo, incluir um funcionário que já declarou seu desejo de seguir carreira técnica (e, portanto, não quer virar gerente) em um programa de formação de lideranças? Se isso for imposto, ele fingirá estar comprometido e envolvido – e, o que é pior, poderá funcionar como uma "laranja podre", falando mal da iniciativa da empresa e desestimulando outras pessoas ali presentes. Portanto, a empresa tem que saber de antemão se o indivíduo que vai fazer uma capacitação tem interesse e se seu perfil é adequado à ação.

Já mencionamos que o RH não se limita à área de gestão de pessoas: em uma empresa, todos são RH! Nesse sentido, os gestores de área são os maiores conhecedores dos membros que lideram e sabem quais funcionam como estimuladores (ou desestimuladores) da participação dos outros funcionários nas capacitações. As lideranças devem ser convidadas a participar ativamente de todo o processo de capacitação (inclusive do diagnóstico e planejamento). Para isso, a GP deve prever estratégias de envolvimento dos líderes em seu plano de trabalho, com participação direta no plano de desenvolvimento dos empregados e em reuniões de alinhamento, checagem e feedback das atividades. A participação ativa dos gestores confere às ações de capacitação e desenvolvimento maior credibilidade, além de reforçar sua responsabilidade de supervisionar e formar equipes, garantindo maior eficácia das ações ao longo do tempo. Em resumo, sem a parceria e a sinergia com os gestores das diversas áreas da empresa, não há como as pessoas responsáveis por capacitação e desenvolvimento atingirem seus objetivos.

Por fim, complementando os dois pontos anteriores, programas de capacitação criam valor para a empresa apenas quando as competências abordadas são transferidas para fora da sala de aula e aplicadas no trabalho: tal processo se chama transferência do aprendizado (WICK; POLLOCK; JEFFERSON, 2011). Este costuma ser o elo mais fraco em programas de capacitação e desenvolvimento, pois, ao retornarem ao trabalho, os funcionários dificilmente encontram espaço e abertura com seus líderes (e até mesmo colegas) para colocar em prática o que ouviram e vivenciaram: novas atitudes, novos comportamentos e novos modos de ver as coisas. Há, portanto, um conflito, porque, muitas vezes, esses funcionários querem inovar em seus setores (com base na visão ampliada pelas coisas a que foram submetidos na capacitação), mas se deparam com gestores avessos aos riscos e erros – além da pressão pelo cumprimento de metas, que se torna o mais importante no dia a dia.

Empresas e gestores querem respostas e resultados imediatos – mas isso, na maioria das vezes, é incompatível com um salto qualitativo nos modos de pensar e agir das pessoas. As rotinas organizacionais acabam excluindo as possibilidades de inovação e melhoria. É por isso que não é fácil tornar-se uma organização de aprendizagem, onde o conhecimento e as competências são constantemente renovados.

Avaliação

Um dos aspectos mais negligenciados nos processos de capacitação e desenvolvimento é a fase de avaliação, essencial para a melhoria contínua das ações, ano após ano. Não é fácil realizá-la, ainda que existam instrumentos à disposição, pois a subjetividade humana sempre é um fator desafiador nas organizações. Porém, analisando vários autores, podemos elencar, de forma didática, os seguintes tipos de avaliação de resultados:

- **Autoavaliação:** exige do indivíduo maturidade e autocrítica, podendo ser aplicada a cada aprendizagem. Em um formulário de autoavaliação, são inseridas questões como: O tema despertou meu interesse? De que forma a capacitação contribuiu para o desenvolvimento de minhas competências? O ponto central dessa avaliação é identificar se o integrante da capacitação efetivamente participou e interagiu, ou se estava disperso durante a atividade. A questão, então, não é só avaliar o outro – o instrutor –, mas o quanto cada participante da capacitação colaborou com o processo e com que intensidade se engajou. Se as organizações trabalham na perspectiva do desenvolvimento do funcionário e do gerenciamento de sua carreira, torna-se incongruente não praticarem a autoavaliação, que é uma parte da avaliação de reação e satisfação, que veremos a seguir.

▌ **Avaliação de reação e satisfação:** neste tipo de avaliação, são colhidas as percepções dos participantes sobre a atividade de C&D. Nela, são muito comuns questões como: O instrutor apresentou domínio sobre o tema? O instrutor interagiu adequadamente com as pessoas, apresentando boa didática? As atividades desenvolvidas foram significativas para a sua prática no trabalho? Considera que seu tempo foi bem empregado com essa capacitação? A infraestrutura oferecida – sala de aula, *coffee-break* – era adequada? O material didático auxiliou no processo de aprendizagem? É importante que essas informações sejam consideradas em conjunto com as da autoavaliação, para que não se tenha uma visão limitada e superficial do programa implantado. Obviamente, ouvir os participantes através desse meio é relevante para a melhoria contínua no processo.

▌ **Avaliação do instrutor:** complementar às duas primeiras, traz a opinião do facilitador/instrutor sobre o grupo de pessoas que participaram da capacitação. Quando a equipe de C&D dá oportunidade para que o instrutor aponte as suas percepções, ele pode informar se o grupo tem maturidade para esse nível de aprendizagem, se estava concentrado, entre outros aspectos.

Com a aplicação dessas três avaliações, podemos verificar se as pessoas estavam interessadas pelo tema, se gostaram ou não do instrutor e se o material didático e o ambiente de ensino foram adequados. Falta ainda descobrir o mais importante: a aprendizagem dos participantes, que hoje é medida pelo reflexo no desempenho das pessoas e nos resultados da organização. É por isso que os dois tipos de avaliação a seguir são considerados realmente estratégicos:

▍**Avaliação de competências:** há empresas que fazem a seguinte pergunta em suas avaliações de reação e satisfação ao final da capacitação: Que competências você desenvolveu com esta capacitação? Essa pergunta, do nosso ponto de vista, não faz o menor sentido, pois não se desenvolvem competências em capacitações. Elas só são desenvolvidas com a prática, ao longo do tempo.

A Avaliação de competências – vimos um exemplo dela no capítulo 1 – tem que ser aplicada depois de um período mínimo do término da capacitação. Afinal, é preciso que haja um tempo para o funcionário retornar ao seu local de trabalho e colocar em prática o que absorveu, desenvolvendo, assim, a competência. Trata-se, portanto, de uma avaliação aplicada *a posteriori*, já que é necessário um tempo para que a pessoa experimente (teste, erre, acerte) e, assim, incorpore a competência.

Para monitorar de forma sistemática o desenvolvimento do indivíduo, o mais adequado é aplicar a avaliação de competências trimestralmente, semestralmente ou anualmente. Para mensurar em que nível o colaborador se encontra em cada competência selecionada pela empresa (por exemplo, relacionamento interpessoal), atribuem-se notas (de 1 a 10) aos indicadores. Obviamente, se a cada ano as pessoas atingirem níveis mais elevados de competências (demonstrados pelo aumento de suas notas), isso quer dizer que as ações de capacitação executadas pela empresa estão no caminho certo.

Para avaliar a aprendizagem dos participantes, também podem ser aplicados testes de habilidades, provas, simulados, além da proposição de tarefas e projetos. Por abrirem espaço para reflexões pessoais, questionários e entrevistas estruturadas contribuem para checar se os participantes da capacitação estão efetivamente utilizando os novos conhecimentos e habilidades. A observação direta dos gestores, por fim, é outra forma eficaz de verificar a adesão dos funcionários ao conteúdo da capacitação.

▎ **Avaliação de resultados (da empresa):** como a capacitação dos funcionários pode impactar os resultados do negócio? Quais são as metas da empresa e o quanto ela cresceu investindo no desenvolvimento das pessoas? Essa avaliação compreende a comparação, pela direção, de resultados empresariais antes e depois da capacitação dos funcionários, para averiguar o quanto esse processo resultou em crescimento e rentabilidade, otimização de tempo, diminuição do desperdício de materiais e de acidentes de trabalho e melhoria da imagem. Essa comparação costuma ser feita anualmente.

Não se desenvolvem competências em capacitações. Elas só são desenvolvidas com a prática, ao longo do tempo.

.ROI.

O ROI (*return on investment*, ou retorno sobre investimento, em português) é um modelo de avaliação que trabalha com indicadores numéricos e fórmulas. Por se tratar de uma abordagem quantitativa, não considera aspectos qualitativos nem resultados organizacionais das capacitações, embora seja útil, por exemplo, para quantificar o investimento (aluguel de sala e equipamentos, hora-aula do professor). As avaliações de competências e de resultados são as que mostram dados e indicadores mais interessantes sobre a eficácia dessas ações em uma organização.

Agora que você conhece todas as fases de um processo de capacitação e desenvolvimento nas empresas, vamos passar para o último assunto, não menos importante: as metodologias existentes para desenvolver pessoas.

Metodologias para capacitar e desenvolver pessoas

Cada metodologia – ou o 'como fazer', em um plano de C&D – representa um caminho de aprendizagem de natureza diferente. Segundo a docente e consultora em capacitação e desenvolvimento Marcela Castro,[2] "as metodologias – que definem o 'como fazer?' em um plano de C&D – vão muito além da exposição, que ainda é a mais conhecida e utilizada nas empresas. Na verdade, existe uma ampla variedade de metodologias educacionais". Algumas, obviamente, são mais adequadas à transferência de dados, informações e conhecimentos aos colaboradores; outras, mais indicadas para sensibilizá-los à adoção e internalização de novos comportamentos ou atitudes no trabalho e na vida.

> A grande questão é que não se pode esquecer uma máxima em C&D: o afetivo é efetivo. Ainda que um programa de capacitação seja voltado para o desenvolvimento de competências predominantemente técnicas, ele deve tocar e falar às emoções dos colaboradores, sensibilizá-los para novas ideias, fazer com que vivenciem situações pertinentes ao trabalho e valorizar as suas habilidades na interação com os outros durante a capacitação. Isto tornará o programa mais do que efetivo: inesquecível.
>
> Marcela Castro,
> *docente e consultora em capacitação e desenvolvimento*

---

2 Depoimento concedido à autora por e-mail, em 13 de junho de 2016.

Tudo depende do que se quer desenvolver: uma competência técnica, ou relacional/atitudinal. Lembremos que a escolha do conjunto mais adequado de metodologias depende:

- **Dos objetivos de aprendizagem:** queremos desenvolver uma competência técnica, como operar uma máquina de perfuração em uma empresa petrolífera, ou relacional – a capacidade de liderar ou de trabalhar em equipe? Queremos desenvolver competências novas nos funcionários ou simplesmente promover uma atualização acerca de certos assuntos?
- **Do perfil dos participantes:** as ações de C&D se destinam a funcionários de nível operacional ou estratégico?
- **Do tempo de que se dispõe para formar as pessoas:** há tempo suficiente para usar as metodologias ideais à formação em determinada competência, ou é preciso correr e fazer tudo a toque de caixa, utilizando técnicas não tão adequadas?
- **Dos recursos da empresa (infraestrutura, tecnologia, orçamento):** o que existe de disponível para as ações de C&D? Se desejamos uma capacitação a distância, temos tecnologia para isso? O orçamento pode contemplar a formação de executivos por meio de coaching (assunto que veremos a seguir)?

A escolha do conjunto mais adequado de metodologias depende, portanto, dos objetivos, do perfil dos participantes e dos recursos da empresa (infraestrutura, tecnologia, tempo e orçamento). A seguir, descrevemos as principais metodologias utilizadas na concepção de programas de C&D.

- **Preleção ou exposição:** metodologia tradicional usada em treinamentos (a mais adotada pelas empresas), exemplificada por cursos, workshops, aulas, palestras, conferências, painéis, entre outros. Oralmente, o instrutor busca transmitir informações e conhecimentos a determinado público. As palestras (especialmente as externas) são indicadas, por exemplo, para atualização profissional, enquanto os workshops são adequados à construção coletiva de produtos e projetos.

As conferências incluem sempre um especialista convidado, enquanto os painéis reúnem vários especialistas.

▎**Autoinstrução:** o mesmo que autotreinamento, em que a pessoa aprende de acordo com seu próprio ritmo, interesse e motivação. Leituras (de apostilas, livros, sites, etc.) e audições (de audiolivros, vídeos, músicas, etc.) são realizadas pelo próprio indivíduo, em seu tempo livre. De fato, há muitas pessoas que assimilam melhor informações e conhecimentos quando estudam sozinhas (quando se autoinstruem), programando seu itinerário de formação.

▎**Debate:** é uma discussão, um diálogo produtivo, preferencialmente em pequenos grupos, sobre determinado assunto. Por exemplo: Quais as características desejáveis a um gerente em nossa empresa? A partir dessa pergunta, os funcionários assumem posicionamentos diversos, o que aponta para uma reflexão rica, além de permitir a integração de pessoas de diferentes setores da empresa ou indivíduos que realizem trabalhos por meio de equipes virtuais (a distância).

▎**Treinamento no local de trabalho:** é a prática ou capacitação em serviço, que acontece na própria vivência da função. É o aprender fazendo, por meio da observação, direção e apoio dos gestores diretos e/ou de outros funcionários (colegas de trabalho), que devem avaliar a prática de quem está aprendendo por meio de feedbacks informais e estruturados.

▎*Job rotation* **(rotação de cargos):** trata-se de uma das formas mais eficazes de capacitação e desenvolvimento. É a movimentação planejada de um funcionário em vários cargos da organização. Pode ocorrer através de uma rotação vertical (promoção provisória) ou horizontal (transferência para um cargo de mesmo nível hierárquico). Ocorre muito em empresas onde existe uma preocupação evidente com um processo sucessório planejado e bem-sucedido.

▎**Demonstração:** quando uma empresa que produz réguas dobráveis chama seus empregados para um local específico e solicita que eles dobrem as réguas de todos os jeitos possíveis, joguem-nas no chão, pisem nelas e batam-nas com toda força contra a parede, está ocorrendo uma demonstração. Pela demonstração, a pessoa aprende vendo ou tocando. Assim, tem condições de experimentar o produto ou serviço de várias formas, de conhecer a fundo suas características e funcionalidades e de demonstrá-las a outras pessoas, como colegas de trabalho e clientes.

▍**Coaching:** é uma importante ferramenta de autoconhecimento e desenvolvimento humano, usada para ajudar indivíduos e empresas a alcançar metas e, principalmente, na busca por melhoria contínua. O processo de coaching é realizado por um profissional denominado coach, junto de seu cliente, chamado de coachee. Pode ser aplicado tanto em âmbito profissional (visando melhoria de processos executivos e corporativos) quanto no desenvolvimento de aspectos da vida pessoal (relações afetivas, familiares, vocação, performance física, etc.).

> Baseado totalmente na empatia e na plena confiança, o coaching é um processo com início, meio e fim, definido em comum acordo entre o coach e o coachee: ambos se comprometem com um plano de ação traçado por eles mesmos, voltado para o atingimento de objetivos de curto, médio e longo prazos, bem como para o desenvolvimento de competências do coachee. Há nesse processo tanto um reconhecimento de certas fragilidades (ou pontos a melhorar) por parte do coachee, quanto um compromisso consigo mesmo de superação – obviamente, com o apoio e a motivação do coach.
>
> **André Barcaui,**
> *consultor internacional em projetos e coach*[3]

---

3 Depoimento concedido à autora por telefone, em 4 de abril de 2016.

▎**Mentoria (*mentoring*):** a mentoria, diferentemente do coaching, é o processo de ser aconselhado por um mentor: ele é um guia, um mestre. O mentor é alguém que possui experiência bem mais robusta em determinada área profissional para que auxilie e oriente o mentorado com informações e conhecimentos voltados para aquela atividade. O mentor é um "padrinho": é aquele a quem você recorre quando tem um dilema profissional, quando tem dificuldades para tomar uma decisão. Ao contrário do coach – que não diz ao coachee o que fazer, mas sim o faz encontrar as respostas dentro de si mesmo –, o mentor diz o que fazer, apontando para um caminho, direcionando. Como no coaching, o processo de mentoria também deve envolver muita empatia e confiança, e pode-se ter um mentor de dentro ou de fora da empresa em que se trabalha. Se a mentoria ocorre entre pessoas da mesma empresa, é benéfico não apenas para quem está sendo aconselhado, mas traz grande satisfação ao mentor, que sente que está contribuindo para o crescimento de um colega.

▎**Simulação:** é o aprendizado por meio de uma técnica que imita ou simula a realidade do trabalho, sob supervisão de uma equipe pedagógica. As simulações permitem que o colaborador vivencie e realize tarefas e atividades muito similares às demandas reais do trabalho. Os pilotos de avião certamente são capacitados durante um bom tempo nos simuladores de voo: eles decolam, aterrissam, arremetem, controlam o avião em situações difíceis ou de risco (turbulências, falta de combustível, mau tempo, pane no painel de controle).

▎**Estudo de caso:** nessa metodologia conhecida em todo o mundo, um grupo de pessoas se reúne e se defronta com uma situação de fora ou de dentro da empresa, que deve ser analisada, debatida e solucionada. Diante de um problema real, as pessoas colocam em prática e aprimoram a sua capacidade analítica e de julgamento, sua habilidade de dialogar e debater, de comunicar, argumentar e persuadir, e ampliam sua visão em razão dos diferentes pontos de vista. Os casos também podem ser fictícios, elaborados especificamente para os propósitos de aprendizagem.

▌**Dramatização:** como o próprio nome diz, acontece quando funcionários – em grupo e, em alguns casos, individualmente – dramatizam (utilizam o teatro) para vivenciar um aprendizado teórico previamente ministrado por exposição, por exemplo. Estimulando o lado lúdico, o *role playing* (nome em inglês) é uma importante metodologia quando se foca no aspecto comportamental, no estímulo à mudança de atitudes. A metodologia tem mais eficácia quando aplicada a funcionários com nível hierárquico médio e superior na empresa.

▌**Oficinas de trabalho:** construção coletiva ou compartilhada é o que traduz essa metodologia de ensino-aprendizagem nas empresas. Ela prevê a junção de pessoas de setores diferentes (ou do mesmo setor), a interação e a troca de saberes de forma horizontal, para analisar uma dada realidade e dar vida a um produto concreto na empresa: um plano de ação, um projeto, um programa, uma solução (escrita ou desenhada) para um problema. Para a educadora Maria do Amparo Caetano de Figueiredo (2006), "[...] o conceito de oficina [...] refere-se ao lugar onde se aprende fazendo junto com os outros". Geralmente a estrutura de uma oficina envolve um momento ou dinâmica de acolhida e entrosamento, uma reflexão sobre um tema específico para aquecer os presentes e o posterior mergulho no objetivo.

▌**Benchmarking:** como instrumento de gestão para melhorar o desempenho das empresas, o benchmarking é um processo de identificação de referenciais de excelência. Portanto, gera aprendizagem em uma organização. Consiste em um processo estruturado e sistemático de visita a outras empresas, para observar as melhores práticas do mercado. Uma vez observados os processos e experiências de outra(s) empresa(s), o grupo que realiza o benchmarking retorna à sua organização com a tarefa de multiplicar internamente o que testemunhou, contando o que aprendeu a seus colegas e gestores e, assim, somando esforços para adaptar o que viu às práticas internas de sua empresa.

▎**Participação em projetos:** é um método de aprendizagem em que é oferecida a funcionários (normalmente de departamentos diferentes) a oportunidade de participar de uma nova equipe de trabalho temporária: essa se debruçará sobre um projeto, uma atribuição desafiadora por um tempo determinado. As pessoas pesquisam e analisam questões ou problemas da empresa, reúnem-se com frequência, tomam decisões de forma participativa e, assim, aprendem uns com os outros.

▎**Comunidade de prática:** também denominada comunidade de interesse, é a iniciativa de um grupo de pessoas que interage e se reúne voluntariamente para trocar vivências, experiências, melhores práticas e ideias. Ou seja, o conhecimento é compartilhado e construído a partir de situações colocadas pelo trabalho: assim, processos da empresa são melhorados, problemas são solucionados, e a inovação pode acontecer pela disponibilização de conhecimento pessoal aos outros. Apesar de se constituírem e funcionarem informalmente, as comunidades de prática devem ser estimuladas pela empresa.

▎**Jogos:** fruto de uma tendência mundial – a fusão entre educação e entretenimento – os jogos são uma ferramenta que proporciona dinâmica e ludicidade ao processo de aprendizagem. Normalmente, envolvem equipes de funcionários ou de gerentes, que competem umas com as outras em desafios de tomada de decisão. Dependendo da cultura da empresa, também podem ser utilizados jogos que estimulem a cooperação em vez da competição. O mercado de jogos empresariais, ou business games, tem crescido muito nos últimos anos dada sua efetividade na aprendizagem (grau de envolvimento intelectual e emocional das pessoas e de interatividade, ao "brincarem" umas com as outras). Os jogos podem ser de tabuleiro ou utilizar tecnologia e softwares, e podem tratar de problemáticas amplas da empresa como um todo ou de desafios de áreas específicas, como vendas, financeiro, logística, compras, etc.

▌**Gincana:** é uma ação recreativa útil para estimular nos colaboradores comportamentos como liderança, planejamento, estratégia, criatividade, trabalho em equipe, entre outros. A gincana é um tipo de competição que engloba várias provas que podem ou não abordar temáticas da empresa, como perguntas e respostas, caça ao tesouro, apresentações artísticas (teatro, dança, etc.), gravações de vídeos, competições esportivas e até mesmo atividades de caráter social e solidário (recolher alimentos, por exemplo).

▌**Teal:** sigla para treinamento experiencial ao ar livre. Como o próprio nome diz, é uma vivência dos funcionários fora da empresa, ao ar livre, onde participam ativamente de dinâmicas comportamentais e são expostos a situações de desafios em ambientes abertos (atividades físicas leves). Surgido na década de 1990 no Brasil, o Teal tem sido muito utilizado pelas empresas para promover o autoconhecimento, integrar pessoas, fazê-las vencer o medo e quebrar paradigmas, além de estimular a formação de equipes de alto desempenho pela comunicação eficaz e pelo sentimento de "corpo", identificando e desenvolvendo lideranças – tudo através do gerenciamento de situações adversas, encontro de soluções em conjunto e superação de desafios. As atividades, jogos, dinâmicas e competições ao ar livre ganham sentido quando precedidas de uma palestra motivacional em sala ou auditório do próprio sítio ou fazenda onde acontece o Teal.

▌**Cinepipoca:** consiste em utilizar o cinema (filmes) como uma forma prazerosa e de baixo custo para desenvolver pessoas. Em sessões de cinema planejadas em um calendário, dentro do horário do expediente, os funcionários são bem acolhidos pelos instrutores, servidos com pipoca, encontram colegas de trabalho e assistem a filmes que dialogam com temáticas importantes para a empresa, sendo sensibilizados para assuntos como liderança e trabalho em equipe, aprendendo a lidar com os sentimentos, a vender bem, etc. É sempre importante que a sessão seja encerrada com um debate mediado por uma pessoa capaz de abordar em profundidade a narrativa do filme e retome certas cenas e diálogos da trama, para levar os participantes a reflexões e conexões pertinentes para o trabalho e para a vida.

▍**EAD:** é a sigla para educação a distância. Com o advento da internet, surgiu o *e-learning*, processo de ensino-aprendizagem mediado pela tecnologia. Em um treinamento virtual, funcionário e instrutor não estão no mesmo espaço físico. O instrutor pode, inclusive, ser um robô, um personagem virtual. Tendo como infraestrutura plataformas educacionais na internet ou na intranet da empresa, o *e-learning* permite que um conjunto de conhecimentos esteja disponível e acessível para funcionários que trabalham em diversos estados, por exemplo, o que significa um ganho de escala e de agilidade.

Viu como o cardápio de metodologias para capacitar e desenvolver pessoas é extenso? O desafio é olhar para esse mundo de possibilidades com sensibilidade e criatividade, sem se esquecer das limitações organizacionais, a fim de conceber os melhores programas de ensino-aprendizagem para os funcionários.

Sempre que tivermos o desafio de montar programas de C&D na empresa, é preciso também lembrar a equação proposta por Ram Charan – uma verdadeira quebra de paradigmas em uma sociedade cuja educação é calcada na sala de aula:

> Especialmente os países de poder emergente precisam identificar os talentos que existem na sociedade, como diamantes brutos, e desenvolvê-los. Proponho para isso minha regra dos 70 - 20 - 10, que significa 70% da experiência de desenvolvimento dos funcionários deve ser destinada à preparação on-the-job (no trabalho), 20% em sala de aula ou equivalente, e 10% cabe ao próprio profissional, que deve encontrar seu modo de acelerar o aprendizado. (CHARAM *apud* SALIBI NETO, 2010)

A visão de aprendizagem de Charan – calcada em 70% de prática, de mão na massa, de execução de atividades sob orientação – dialoga de modo estreito com a visão de Jay Cross, outro grande especialista mundial em C&D. Para ele, as organizações sofrem de miopia: elas não olham para o aprendizado informal como deveriam. Elas investem muito dinheiro em capacitações formais – nos famosos treinamentos – enfileiram e enquadram seus funcionários em carteiras em sala de aula, esquecendo-se da "magia" que realmente acontece: 80% do que elas aprendem no ambiente corporativo acontece de modo informal, não planejado, em interações cotidianas espontâneas, em redes de relacionamento, executando tarefas (experimentando, acertando, errando), convivendo com seus pares e clientes, compartilhando dificuldades técnicas e relacionais, tirando dúvidas com os colegas, observando processos, conversando com pessoas mais experientes, acessando a web. É assim que as pessoas buscam (e encontram) o conhecimento de que necessitam, adquirem ou aprimoram habilidades e mudam atitudes.

Concluímos este capítulo com um sábio pensamento de Peter Senge (2006, p. 12): "As melhores organizações do futuro serão aquelas que descobrirão como despertar o empenho e a capacidade de aprender das pessoas em todos os níveis da organização".

. ATIVIDADES .

1. Crie um projeto de capacitação e desenvolvimento para a empresa em que você trabalha ou tem interesse em atuar. Para isso, siga o roteiro abaixo:

Projeto de capacitação e desenvolvimento

Empresa:

Alinhamento estratégico:

Responsável:

Início:

Prazo de execução:

Descrição (O que é o projeto?):

Justificativa (Por que ele é importante?):

Público-alvo:

Competências a desenvolver:

Resultados esperados/indicadores:

Cronograma:

    1ª fase – Sensibilização

    2ª fase – Implantação/execução

    3ª fase – Acompanhamento e avaliação

    4ª fase – Ajustes e adequação

2. Uma das tendências atuais em capacitação e desenvolvimento de pessoas é o chamado *crowdsourcing*. Pesquise na internet seu significado e faça um resumo em tópicos para apresentar em sala de aula.

3. Você já ouviu falar de MOOC (Massive Open Online Courses), como o TED, Coursera, Veduca, edX e OCWC? Sabe o que são eles? Pesquise a respeito e relate à classe os principais recursos que essas ferramentas oferecem ao processo de autoinstrução. Se você já se utiliza do MOOC para complementar sua educação formal, relate sua experiência à turma.

4. Pesquise na internet quais são os princípios da andragogia, que estuda o ensino e aprendizagem de adultos. Explique à classe por que os princípios da andragogia são relevantes.

4 AVALIAÇÃO DE **DESEMPENHO**

Desempenhar com excelência as tarefas, ter boa performance, desenhar metas e superá-las, ser altamente produtivo. Desde pequenos, somos estimulados – com presentes e elogios – a ter um boletim exemplar na escola, a sobressair nos campeonatos esportivos, a dar conta de todas as atividades extracurriculares que nossos pais nos proporcionam com a intenção de nos preparar para o mercado de trabalho (BOECHAT, 2013).

Ao nos tornarmos adultos, descobrimos que as cobranças por alto desempenho não cessam; pelo contrário, só aumentam. Vivemos, hoje, um culto à performance, à superação, à busca pelo primeiro lugar. Produtividade, eficiência, rendimento, excelência, perícia na atuação: tudo isso pode ser resumido pela palavra performance. "No contexto dos negócios, do esporte ou do sexo, dizer que alguém fez uma boa performance é afirmar que tal pessoa realizou aquela coisa conforme um alto padrão, que foi bem-sucedida, que superou a si mesma e aos demais" (SCHECHNER, 2003, p. 25).

Além da exigência por performance, a sociedade passou a dar grande valor ao empreendedorismo como traço da personalidade do indivíduo. Trata-se, nesse caso, da pessoa que tem atitude arrojada, é obstinada, assertiva, apaixonada por desafios, autoconfiante, pautada pela competição e pela vontade de conquista, ou, ainda, que assume riscos, é flexível e aberta à mudança constante. Deseja-se que sejamos, especialmente nas empresas, uma verdadeira "metamorfose ambulante", como diria Raul Seixas. A construção de maneira autônoma da própria carreira profissional também é considerada uma atitude empreendedora. Ainda que essa busca desenfreada pelos melhores resultados em todas as áreas da vida traga consequências negativas – cansaço crônico, estresse, somatização, depressão, doenças cardíacas, aumento do uso de medicamentos como ansiolíticos –, a sensação geral é a de que não se pode escapar dela: uma obrigação de superação permanente invade o emocional das pessoas.

Neste capítulo, veremos como o espírito do nosso tempo – a glorificação do alto desempenho do indivíduo, a obsessão pela alta performance – se manifesta nas empresas, tornando-se realidade por meio dos Sistemas de Gestão de Desempenho. Nas organizações públicas e privadas, eles são geralmente implantados pela área de gestão de pessoas. Esses sistemas são cada vez mais sofisticados, e os gestores não medem esforços para aprimorá-los constantemente, de modo a formar um banco de dados preciso e consistente do histórico profissional dos colaboradores. Somos monitorados e medidos por uma série de indicadores – que atuam diretamente sobre nossas vidas, afetando a forma de ser e estar no mundo. Sem entregar resultados de altos patamares, sem ser hiperprodutivo – ainda mais em tempos de capitalismo global extremamente competitivo –, podemos ser rotulados como "refugo da sociedade", expressão usada pelo sociólogo Zygmunt Bauman (1998), que significa que nos tornamos sujeitos ocultos, desprezíveis, despacháveis e descartáveis.

Então, será que a solução é fugir da grande pressão por resultados e do alto desempenho? Talvez a resposta a esta pergunta esteja no depoimento a seguir:

> **Desempenho deve ser um meio e não um fim. Ou seja, desempenhar bem deve ser um meio para realizar seu propósito de vida: algo que seja arrebatador, que traga sentido para a sua existência. O filósofo alemão Friedrich Nietzsche afirmou que, quando temos um 'porque para viver', suportamos todo o 'como'. No atual cenário de idolatria da alta produtividade, portanto, o caminho é colocar em movimento nossa verdadeira vocação.**
>
> **Bianca Damasceno,**
> *profissional especializada em estruturação de projetos pessoais, profissionais e empresariais*[1]

---

[1] Depoimento concedido por e-mail, em 22 de abril de 2016.

Só o fato de estar matriculado em um curso de RH já revela o que você está à procura: descobrir ou confirmar o seu chamado – a sua vocação – para a área de pessoas.

O que é desempenho?

No primeiro capítulo, vimos que o conceito de competência de um indivíduo deriva da combinação de um conjunto de conhecimentos, habilidades e atitudes (nesta última característica é que se incluem seus valores e crenças). Essa combinação é responsável por sua singularidade e define o nível de maestria e destreza com o qual ele entrega à empresa o rol de responsabilidades que possui: no trabalho, chamamos isso de desempenho. Em outras palavras, são os resultados que o funcionário apresenta, como desempenha suas atividades que definem se ele é ou não competente.

Como já dissemos, ter um desempenho excelente é condição essencial para nos mantermos nas organizações, no mercado de trabalho. Afinal de contas, a empresa se empenhou para atrair e selecionar as pessoas mais capacitadas para as suas vagas e se esforça para mantê-las desenvolvendo competências por meio de seus programas de capacitação. Em contrapartida, o que ela espera do funcionário? Uma entrega de resultados no mínimo satisfatória para que a empresa atinja seus objetivos.

A competência se torna visível e concreta na ação, no desempenho das tarefas e responsabilidades. Desempenho é, portanto, a atuação real do colaborador diante de uma expectativa ou um padrão de comportamento estabelecido pela empresa. O desempenho em uma atividade – por exemplo, dirigir um caminhão, pintar uma parede ou redigir um relatório – é passível de ser verificado e mensurado por meio dos indicadores, que veremos neste capítulo. Por exemplo, atribuir notas de 1 a 10 é uma forma de medir o desempenho de uma pessoa. Nas organizações, observamos pelo menos quatro grandes expectativas de desempenho em relação aos funcionários, segundo Gubman (1999):

- **Sentido de urgência:** tudo é "para ontem"; ninguém espera: nem os clientes, nem as mudanças.
- **Resultados:** esperados e exigidos em níveis crescentes, ano após ano.
- **Aprendizado:** não se permite que o colaborador pare no tempo. Dele é exigido reciclagem constante e aprendizado contínuo, de modo a adquirir competências e, assim, agregar valor à organização (por meio de produtos e serviços melhores).
- **Colaboração:** cada vez mais, essa atitude é vista como o caminho mais adequado para compartilhar conhecimento e gerar melhores resultados em uma empresa, tornando-a uma verdadeira organização de aprendizagem, conceito que vimos no capítulo 3.

É importante ressaltar que desempenho e potencial não são a mesma coisa. Desempenho é uma ação intencional, fruto da aplicação de competências. É a performance do colaborador, os resultados que ele entrega. Já o potencial é o que está dentro do indivíduo, uma capacidade latente e não aparente. São os talentos ocultos, as competências não utilizadas pela organização. Esses recursos internos, se alavancados e dinamizados, podem viabilizar novas possibilidades. Um funcionário pode ter um desempenho excelente em uma determinada função, mas não ter potencial para assumir um cargo mais elevado na hierarquia, com maiores desafios e responsabilidades, por exemplo.

Pode-se descobrir o potencial de uma pessoa usando algumas técnicas, como colocá-la em novas situações, que sejam mais adversas e mais complexas do que as de sua função atual. Dessa forma, é possível checar se ela é capaz de responder e entregar com o mesmo patamar de qualidade que habitualmente entrega. Veja que os conceitos de desempenho e potencial acabam se interligando e conversando.

Há outra característica interessante a destacar: por ser um conjunto de entregas e resultados de determinado colaborador para a organização, o desempenho é contingencial. Isso significa que ele pode mudar, de situação para situação, de momento a momento. Se uma pessoa está passando por um problema sério na família, isso obviamente afeta seu desempenho no trabalho. Da mesma forma, uma questão ocorrida na empresa, que tenha gerado um clima organizacional pesado, altera a performance dos funcionários. O baixo desempenho não quer dizer, no entanto, que uma pessoa não tenha um excelente potencial, nem significa que ela seja um funcionário ruim. O desempenho é circunstancial, pode variar de acordo com as condições da pessoa e da própria empresa, e sofre influência de variáveis distintas. Já o potencial é mais perene, duradouro.

Uma avaliação de potencial não garante o desempenho futuro do colaborador, mas apresenta uma estimativa. É por isso que, apenas colocando o indivíduo em situações mais complexas de trabalho, é possível confirmar se a avaliação de seu potencial está certa ou não.

É importante proporcionar essa experiência ao funcionário – se a empresa age com displicência e falta de sensibilidade em detectar seu potencial, pode levá-lo a deixar a organização, o que significa perda de vantagem competitiva.

POTENCIAL

Estimativa

A **avaliação de potencial** leva a um plano de ação sobre como estimular competências e comportamentos futuros.

≠

DESEMPENHO

Realizado

A **avaliação de desempenho** leva a um plano de ação sobre corrigir comportamentos tidos em um período de tempo.

FIGURA 1 | Potencial e desempenho

O que é avaliação de desempenho?

A avaliação de desempenho é um processo participativo e dinâmico em que a empresa monitora, periodicamente, a performance de seus funcionários e a qualidade de suas entregas. Essa frequência pode ser trimestral, semestral ou anual. Em resumo, é um processo de planejamento, acompanhamento, avaliação e melhoria do trabalho.

Como futuro profissional de RH, você certamente terá contato com o mais popular instrumento de um sistema de gestão do desempenho: a avaliação de desempenho, em formulário ou ficha, cujo modelo é apresentado a seguir.

(Logomarca da empresa)

AVALIAÇÃO DE DESEMPENHO

Data:

Setor:

Avaliado:

Cargo:

Avaliador:

Período avaliativo:

Prezado avaliador,

1. Use um formulário para cada membro da sua equipe. Preferencialmente, deixe uma cópia desse formulário com ele, para que se autoavalie.

2. Em um momento tranquilo, leia atentamente o formulário. Verifique se há alguma palavra que não compreenda. Em caso de dúvida, entre em contato com a área de gestão de pessoas antes de preencher a avaliação de desempenho.

3. Leia o significado das competências no formulário. Não se deixe influenciar por sua concepção pessoal: é por isso que existem os indicadores.

4. Verifique se está em condições de fornecer as informações solicitadas sobre cada membro de sua equipe.

5. Marque com um X apenas um dos quatro graus para cada indicador de competência: Superou = Ótimo; Atendeu à expectativa = Bom; Atendeu em parte = Regular; Não atendeu = Fraco. Lembre-se: a avaliação deve ser global, ou seja, compreender todo o período da análise (não apenas um dia ou um momento do funcionário).

6. Depois do preenchimento da ficha, marque uma conversa individual com o funcionário e comente a avaliação de cada competência. Você deve justificar com argumentos concretos por que atribuiu determinado grau a um indicador. Ouça atentamente as colocações do funcionário. Apresente a ele os motivos que fizeram com que você discordasse de sua autoavaliação, se for o caso. É importante que a conversa seja um diálogo franco e respeitoso e que, em conjunto com o colaborador, sejam definidas as medidas a serem adotadas visando a melhoria do desempenho, se for necessário.

7. No campo *Espaço para comentários*, no fim do formulário, registre fatos, dados, sua visão geral do avaliado.

8. Solicite ao funcionário que assine a avaliação de desempenho e assine-a também.

9. A avaliação de desempenho preenchida e assinada deve ser encaminhada ao superior hierárquico do avaliador para conhecimento. Em seguida, deverá ser encaminhada à área de GP.

Agradecemos a sua atenção a este importante processo de nossa empresa!

QUADRO 1 | Modelo de formulário de avaliação de desempenho

▌LEGENDA DA AVALIAÇÃO

SUPEROU A EXPECTATIVA	ATENDEU À EXPECTATIVA	ATENDEU EM PARTE	NÃO ATENDEU

▌Competências

	Superou	Atendeu	Em parte	Não atendeu
▌Domínio técnico/conhecimentos — Indicador				
O funcionário realiza as tarefas pelas quais é responsável adequadamente, demonstrando conhecimento/expertise.				
▌Liderança — Indicadores				
O funcionário tem facilidade para envolver e influenciar pessoas, canalizando a energia necessária para o alcance progressivo dos resultados.				
O funcionário obtém o comprometimento das pessoas com os desafios e prazos preestabelecidos.				
O funcionário consegue apoio para novas ideias, propostas e soluções.				
▌Relacionamento interpessoal — Indicadores				
O funcionário se relaciona de forma respeitosa, interessada e disponível com os outros membros da equipe.				
O funcionário trabalha bem em equipe, apresentando atitude colaborativa.				
O funcionário busca solucionar problemas latentes ou evidentes com outros membros da equipe.				
O funcionário compartilha informações e contribui promovendo relacionamentos sólidos e positivos.				

Competências

Proatividade
Indicadores

	😀	🙂	😐	☹️
O funcionário apresenta pensamento analítico, identificando as características e os parâmetros a serem levados em conta na análise de uma situação.				
O funcionário tem atitude proativa: antecipa possíveis questões ou problemas, sinalizando-os e propondo soluções, alternativas e sugestões voltadas para o sucesso das tarefas e desafios.				

Assiduidade e pontualidade
Indicador

O funcionário apresenta presença ativa no local de trabalho, cumprindo horários e estando presente ao longo de toda a jornada.				

Produtividade e orientação para resultados
Indicadores

O funcionário executa trabalhos em prazo compatível com a natureza das atividades desenvolvidas, cumprindo objetivos e metas previamente pactuadas.				
O funcionário executa trabalhos com qualidade compatível com os parâmetros estabelecidos.				
O funcionário responde com facilidade a demandas inesperadas de trabalho.				

Disciplina
Indicadores

O funcionário conhece os preceitos e normas da empresa.				
O funcionário mantém conduta adequada para o ambiente de trabalho, cumprindo os deveres funcionais.				
O funcionário mantém comportamento respeitoso e profissional no trato com as pessoas.				
O funcionário desempenha suas atribuições dentro das normas de segurança e saúde do trabalho previamente informadas.				

▍Competências

| | 😉 | 🙂 | 😐 | 🙁 | |

▍Comunicação
Indicadores

| O funcionário consegue explicitar suas ideias de forma clara e objetiva. | | | | | |

| O funcionário sabe escutar seus colegas de trabalho. | | | | | |

| O funcionário vê momentos de feedback como oportunidades construtivas e de crescimento. | | | | | |

▍Autoconfiança
Indicadores

| O funcionário apresenta capacidade de acreditar em suas próprias ideias (segurança em si mesmo) e assumir posição independente diante de oposição, não se deixando abater por julgamentos dos outros. | | | | | |

| O funcionário apresenta capacidade de tomada de decisão, selecionando as melhores alternativas, considerando possibilidades, informações disponíveis, limites e riscos de cada uma. | | | | | |

▍Orientação e abertura para o aprendizado
Indicador

| O funcionário busca novos conceitos e conhecimentos e se mostra aberto à análise de perspectivas diferentes/antagônicas. | | | | | |

▍Confiabilidade
Indicadores

| O funcionário cumpre o que promete. | | | | | |

| O funcionário é honesto e direto com membros da sua equipe e com o seu gestor direto. | | | | | |

■ Conhecimentos, habilidades e atitudes a serem desenvolvidos e/ou aperfeiçoados:

CONHECIMENTOS	HABILIDADES	ATITUDES
(**Exemplo 1:** Conhecimentos intermediários no programa Word.)	(**Exemplo 1:** Capacidade de inserir hiperlinks em arquivos do programa Word.)	(**Exemplo 1:** Mostrar-se disponível e motivado a inserir hiperlinks em arquivos do programa Word.)
(**Exemplo 2:** Conhecimentos sobre arrumação de estoque.)	(**Exemplo 2:** Habilidade de arrumar a área do estoque de canetas de forma lógica: por marca ou por cor.)	(**Exemplo 2:** Arrumar com atenção, zelo e de forma lógica a área do estoque.)

COMENTÁRIOS (OPCIONAL)

AVALIADOR

AVALIADO

Assinatura:

Superior hierárquico do avaliador: **Data:**

Avaliador: **Data:**

Avaliado: **Data:**

Passemos agora à explicação das partes mais importantes desse formulário.

Ponto 1 – Observe que ele se inicia com a data da avaliação e os dados do avaliador e do avaliado. O preenchimento dessas informações é muito importante para que a empresa (especialmente a área de GP) mantenha o controle sobre a periodicidade das avaliações: quando ela aconteceu e quando deve ser repetida. A forma mais comum de avaliação de desempenho é aquela em que o gestor direto avalia cada membro de sua equipe. Portanto, o avaliador geralmente é o líder de um setor ou área (exemplo: um gerente de marketing) e o avaliado é seu subordinado – cada um, obviamente, com seu próprio formulário de avaliação.

Ponto 2 – Como em outros subsistemas de gestão de pessoas, também a avaliação de desempenho é realizada, nas organizações mais modernas, partindo do MGC. No formulário de avaliação de desempenho, cada competência – domínio técnico, liderança, relacionamento interpessoal, proatividade, entre outras – ganha indicadores específicos, facilitando a vida do avaliador e do avaliado. Isso diminui o grau de subjetividade da avaliação, o que é fundamental para o bom funcionamento de um sistema de reconhecimento e recompensas. Os indicadores das competências fazem com que elas possam ser observadas e mensuradas – como o próprio nome diz, os indicadores indicam aquilo em que o avaliador deve prestar atenção –, afastando o avaliador de suposições ou da dimensão da simples opinião. Nas palavras de Vecchioni *et al.* (2011, p. 63):

> Indicadores ou medidas de desempenho são sinais vitais da organização. Os indicadores informam aos funcionários o que fazem, como está seu desempenho, quais resultados seu trabalho gera e como eles contribuem para o alcance dos objetivos coletivos. Indicadores ou medidas de desempenho comunicam o que é importante para toda a organização. De fato, observa-se atualmente uma crescente preocupação das empresas em definir indicadores de desempenho, dentro da crença de que, para gerenciar, é preciso medir.

Veja o relato de um empresário sobre a adoção da avaliação de desempenho em sua empresa:

> É impressionante como o formulário de avaliação de desempenho funciona. Com os indicadores, tudo se torna mais claro, e não me sinto refém da subjetividade que normalmente existe em processos envolvendo o ser humano, cuja natureza é complexa. Contratamos uma consultoria e desenvolvemos na papelaria o hábito de avaliar a equipe a cada três meses. Apesar do estranhamento inicial, com o tempo os membros do time entenderam os indicadores de cada competência. Aliás, eles ficam permanentemente afixados em nosso mural. Em comércio, comportamentos ligados ao estoque e ao atendimento no balcão definem muito quem somos para o cliente. A performance de todo o pessoal melhorou muito depois da implantação desse processo avaliativo, porque eles de fato internalizaram os comportamentos desejáveis na nossa empresa. Tem sido um processo incrível para a área de relações humanas, e o objetivo é melhorá-lo a cada ano, considerando a opinião dos membros da equipe.
>
> **Felipe Reis,**
> *proprietário da papelaria Icaraí, em Niterói, Rio de Janeiro*[2]

---

[2] Depoimento concedido pessoalmente à autora, em 10 de janeiro de 2016.

Ponto 3 – Observe que, abaixo do cabeçalho, há um quadro com os conceitos que podem ser atribuídos ao avaliado, em cada indicador da competência: Superou, Atendeu à expectativa, Atendeu em parte, Não atendeu. Esse formulário é um exemplo de utilização do método escala gráfica, baseado em uma tabela de dupla entrada: nas linhas horizontais estão os fatores a serem avaliados (competências) – comportamentos e atitudes que a empresa deseja que os funcionários tenham – e nas colunas verticais estão os graus de variação desses fatores.

Os graus também podem ser numéricos (exemplo: 4 = Ótimo, 3 = Bom, 2 = Regular, 1 = Fraco), de acordo com a preferência da empresa. É fundamental que os indicadores de competência sejam descritos de forma simples e objetiva; quanto melhor a descrição, maior é a precisão da avaliação.

As competências e seus indicadores podem, ainda, ter pesos diferentes, dependendo do cargo. Para uma avaliação de desempenho de um supervisor ou diretor, a competência liderança pode ter peso 4 (em uma escala de 1 a 4), ao passo que, para um cargo de auxiliar de serviços gerais, ela tem peso menor. Isso pode ser implementado com o uso de uma planilha no Excel, inserindo-se fórmulas para atribuir pesos a competências diferentes.

Ponto 4 – Observe que, no fim do formulário, há vários campos a serem preenchidos. No espaço para comentários entram observações do avaliador sobre o avaliado: pode-se declarar, por exemplo, que a avaliação geral apresentou um resultado de performance inferior à anterior (realizada seis meses antes) porque o funcionário estava em tratamento médico. Ou, então, pode-se explicitar que o funcionário teve um quadro geral de performance superior porque, um ano antes, recebeu uma série de capacitações na empresa. Enquanto a tabela é eminentemente numérica, quantitativa, o espaço para comentários dá o tom qualitativo da avaliação.

Ponto 5 – Observe que a avaliação de desempenho gera um plano de ação: iniciativas para melhorar o desempenho do funcionário, geralmente relacionadas a capacitações para aquisição de conhecimentos e desenvolvimento de habilidades. Essa é uma das grandes diferenças da avaliação de desempenho da atualidade em relação àquela feita até os anos 1930: ela não tem caráter burocrático e punitivo, mas é um instrumento para promover o diálogo entre gestor e membros de sua equipe, em prol do desenvolvimento de todos.

Ponto 6 – Uma vez que a avaliação gera uma conversa entre avaliador e avaliado – uma sessão de feedback em que se busca um consenso –, esse documento deve ser assinado por ambas as partes, para garantir transparência ao processo: os dois lados atestam que estão cientes desse monitoramento, de seus resultados e de um plano de ação para a melhoria de desempenho, se for o caso.

Ponto 7 – A empresa pode optar por disponibilizar o formulário tanto de forma impressa (papel) quanto em planilha eletrônica. O importante é que, em algum momento, os dados sejam colocados em um sistema (banco de dados), para que a organização guarde o histórico de seus funcionários e tenha agilidade em pesquisas e filtros para tomada de decisões.

A avaliação com enfoque em competências – exemplificada nesse formulário – acaba por puxar outro tipo de avaliação de desempenho muito utilizada nas empresas: a avaliação por resultados. Na maioria dos casos, elas ocorrem simultaneamente. Se você reparar na competência produtividade e orientação para resultados no formulário, verá que um dos indicadores é: "O funcionário executa trabalhos em prazo compatível com a natureza das atividades desenvolvidas, *cumprindo objetivos e metas previamente pactuadas*." O trecho destacado em itálico é exatamente a parte do formulário que aborda objetivos e metas: é ela que faz o link para uma avaliação por resultados.

Um exemplo vai tornar a compreensão mais fácil. A avaliação semestral de uma empresa fictícia é feita de acordo com o formulário apresentado anteriormente. O gestor de vendas dessa empresa estipulou as seguintes metas semestrais para os integrantes da equipe:

- **Aumentar as vendas do produto X em 5%.**
- **Aumentar as vendas do produto Y em 10%.**
- **Aumentar o portfólio de clientes fiéis em 3%.**
- **Aumentar a participação da empresa no mercado em 2%.**

Se essas metas são previamente pactuadas, de acordo com o indicador da competência produtividade e com a orientação para resultados, e o atingimento delas pelos funcionários é avaliado ao fim do semestre, isso quer dizer que essa se tornou uma dupla avaliação: de competências e de resultados. Nesse caso, ocorre uma comparação entre o que foi previsto/projetado e o que foi realizado em termos de metas, para verificar se foram alcançadas. As conclusões a respeito dos resultados permitem a identificação dos pontos fortes e fracos do funcionário, bem como as providências necessárias para o próximo período (no caso, semestre).

Como abordamos neste capítulo, o formulário de avaliação de desempenho é um instrumento que faz parte do processo de avaliação formal realizado periodicamente entre avaliador e avaliado. Porém, esse processo de avaliação é, apenas, uma parte de um todo muito maior: o sistema integrado de gestão do desempenho de uma empresa. Princípios como relacionamento interpessoal, domínio técnico, proatividade e produtividade, e orientação para resultados são valores que representam o jeito de ser ou cultura de uma empresa (acabando por se tornar competências desejáveis nos funcionários) e fazem parte desse sistema, por exemplo.

Quem avalia o desempenho?

Cada empresa, de acordo com sua estrutura e, principalmente, sua cultura, estabelece quem são os avaliadores e os avaliados. Quanto mais madura é a organização em termos de prática avaliativa, mais pessoas são envolvidas no processo e apresentam suas visões sobre as outras.

As avaliações de desempenho mais comuns nas empresas são as denominadas *Top-down* (de cima para baixo). São aquelas em que os gestores diretos (gerentes, supervisores) avaliam cada membro de sua equipe, contando com o suporte ou assessoria da área de gestão de pessoas (que dá as diretrizes, os meios e os critérios para que a avaliação aconteça).

Uma tendência muito forte nas empresas mais sintonizadas com a Era do Conhecimento é o envolvimento do funcionário e do gerente na avaliação. O colaborador avalia o seu próprio desempenho, enquanto o gestor direto funciona como um orientador.

O outro lado da moeda é a avaliação *Bottom-up* (de baixo para cima), quando os membros da equipe avaliam seu gestor direto. Isso é ótimo para o amadurecimento organizacional, pois permite que a empresa evolua permanentemente no que diz respeito aos modelos de liderança e aos métodos de comunicação interpessoal, exatamente porque conta com a participação de mais pessoas, valorizando suas opiniões. Todo mundo cresce nesse processo, e o líder não é considerado um ser todo-poderoso que nada tem a melhorar.

A avaliação horizontal também é muito interessante, mas exige amadurecimento da empresa e das pessoas. Ela ocorre quando os membros da equipe avaliam o desempenho de seus pares. De posse dos resultados, as pessoas conversam abertamente sobre providências a serem tomadas para a melhoria da performance ou até mesmo do relacionamento.

A avaliação 360° é uma forma de avaliação coletiva cuja implantação é extremamente complexa. É a avaliação mais avançada que existe, também denominada feedback com múltiplas fontes. Imagine a seguinte situação: você é o funcionário que está no centro (ver figura 2) e é avaliado de forma circular por todos com quem interage: seu gestor direto, colegas (membros da equipe), clientes e fornecedores. Esse tipo de avaliação é relevante por levantar informações a seu respeito vindas de várias fontes e sob diferentes pontos de vista.

O diagrama mostra quem avalia quem na modalidade chamada avaliação 360°

                    Gestor direto   **Eu**

    Clientes   **EU**   **Parceiros**

                    Fornecedores   **Subordinados**

FIGURA 2 | Avaliação 360°

Em todos os tipos de avaliação, é interessante que seja aplicada, paralelamente, uma autoavaliação: o funcionário deve fazer um diagnóstico dos seus pontos fortes e fracos, que afetam seu desempenho. Por que você acha que é solicitado, nas organizações mais modernas, que o funcionário se avalie? Porque, quando faz uma autoavaliação sincera, identificando não apenas seus pontos fortes, mas também os pontos fracos e seus potenciais, o funcionário deixa de ter uma postura passiva e passa a ser agente da avaliação de seu desempenho – e, por consequência, de seu autodesenvolvimento. Isso é empoderar o funcionário, mais uma vez partindo da premissa de que ele sabe ou pode aprender a identificar suas próprias competências, necessidades, qualidades, pontos a desenvolver e metas.

Ele é a pessoa mais capaz de determinar o que é melhor para si. O papel dos superiores e da área de GP passa a ser o de ajudar cada colaborador a relacionar sua performance (sua produtividade) às necessidades, objetivos e à realidade da empresa.

Nessa dinâmica, o colaborador costuma se debruçar sobre questões como:

- Quais são as minhas forças e as minhas fraquezas?
- Qual é o meu lugar na empresa? Qual é e deve ser a minha contribuição?
- Como está meu desempenho?
- Que fatores externos (pessoais) levaram à queda da minha performance?

Em seguida, ele deve esboçar um plano de ação para melhoria do desempenho. Nessa etapa, é feito o seguinte questionamento: que atitudes eu posso pactuar com o gestor direto para que meu desempenho se torne melhor nos itens que deixei a desejar?

Seja qual for o modelo adotado, certamente a avaliação é uma poderosa ferramenta motivacional, quando bem utilizada, por promover o autoconhecimento, estimular o desenvolvimento de competências e, assim, contribuir para o crescimento profissional.

Dizemos "quando bem utilizada" porque, do contrário, ela certamente pode gerar desmotivação em todo o corpo funcional. Em muitas organizações, a avaliação de desempenho é um mero ritual – não leva a nenhum efeito positivo, a nenhum desdobramento prático, como feedbacks estruturados do gestor aos membros de sua equipe, ou a uma promoção. Nesse caso, é considerada uma perda de tempo, uma prática "para inglês ver", como se diz. Desigualdade e injustiças na avaliação também minam a credibilidade de todo o processo, podendo gerar revolta, especialmente se a avaliação de desempenho fizer parte da política de progressão de carreira. Aí as consequências no clima organizacional são drásticas.

Avaliação de desempenho no passado e no presente Por muito tempo, na maioria das empresas, a avaliação de desempenho era um processo extremamente tenso e temido. Não que isso tenha terminado, mas a visão tanto do funcionário quanto da organização acerca dessa dinâmica ganhou contornos mais positivos; ela se tornou mais participativa, envolvente, simples e descontraída.

Diz-se, hoje, que o processo de avaliação de desempenho deve ter uma natureza impulsionadora: tornar o indivíduo consciente e, assim, potencializar seus atributos fortes, positivos, além de focar na melhoria contínua do seu desempenho. A questão, então, é conhecer-se para melhorar, para transformar-se, para desenvolver-se. O foco volta-se para o futuro, para a possibilidade de ser e de fazer cada vez melhor, de apresentar comportamentos mais assertivos e, assim, maiores rendimentos. A ideia é que a avaliação não seja um instrumento de punição, de controle, de imposição, de disciplina, de enquadramento, como de fato acontecia nos mecanismos de gestão da Era Industrial.

O que se quer, na atualidade, é que a avaliação não seja um fim, mas um instrumento importante (um meio) para aprimorar especialmente a dimensão comportamental das pessoas. Diferentemente das avaliações do passado – burocráticas, padronizadas, mecanicistas, excessivamente formais, com critérios complicados e genéricos, e focadas especialmente nas competências técnicas –, as avaliações atuais demonstram uma forte valorização das competências relacionais ou atitudinais. Os aspectos comportamentais ganham relevo porque fornecem uma visão mais global, expandida, abrangente do desempenho humano, entendido como resultado de interações entre trabalho e vida pessoal saudável. Percebe-se o indivíduo não como um ser isolado – uma engrenagem fria de uma máquina –, mas alguém em contato constante com outras pessoas. É dessas interfaces que nasce o bom ou mau desempenho.

Se as avaliações do passado partiam de uma visão mecanicista do ser humano e estavam focadas somente nos lucros da empresa, no presente as organizações buscam alinhar seus objetivos com os dos funcionários. Afinal, para que as pessoas performem bem, é imprescindível que seus objetivos pessoais/profissionais (de desenvolvimento, de carreira) sejam levados em consideração. Se esse alinhamento não existir, os indivíduos não se sentirão motivados a permanecer na organização, já que não enxergarão sentido no seu empenho. Em outras palavras, se a pressão por resultados não for compensada pela percepção de realização, de que há movimento, de que na organização existe a possibilidade de ampliar suas aptidões, fica muito mais difícil, para o funcionário, lidar com o cotidiano do trabalho.

A tendência da avaliação de desempenho é a inclusão ativa do funcionário no processo – até porque ele é o maior interessado em sua performance, desenvolvimento e progressão na carreira. Quanto mais bilateral for a avaliação, mais adesão e sucesso ela terá.

Sistema integrado de gestão do desempenho

Uma organização não investiria tempo e energia na criação, implementação e melhoria contínua de um sistema integrado de gestão do desempenho se não tivesse certeza de que é algo imprescindível para que ela atinja suas metas. Assim, o ponto de partida desse processo é a empresa verificar a utilidade desse sistema para o crescimento permanente de seus resultados.

A seguir, elencamos os quatro grandes componentes de um sistema integrado de gestão do desempenho (SOUZA, 2009, p. 69):

1. Valores: você deve ter percebido que, ao longo deste livro, frisamos que todos os subsistemas de gestão de pessoas devem (ou ao menos deveriam) derivar da estratégia da empresa, formada por missão, visão, valores, objetivos e metas, como vimos no capítulo 1. Pois bem, um sistema integrado de gestão do desempenho tem como pilar a cultura da empresa, seus valores, o jeito de ser da organização. Se a sustentabilidade for um valor realmente importante na cultura de uma empresa, certamente a competência do funcionário de agir de forma sustentável estará presente na avaliação de desempenho. Se a criatividade for um valor, certamente funcionários que contribuem permanentemente com boas ideias serão bem avaliados nesse quesito.

2. **Processos:** o desafio de avaliar desempenho inclui processos de planejamento, acompanhamento e avaliação. No planejamento, basicamente se faz um diagnóstico da situação atual (Onde estamos desempenhando bem e onde estamos desempenhando mal? Estamos vendendo bem, mas estamos atendendo bem os nossos clientes?), e a partir daí são estabelecidas metas de desempenho tanto da organização quanto das pessoas em seus setores. É também no planejamento que, a partir das competências desejáveis nos colaboradores, os indicadores são redigidos e se desenha um formulário de avaliação de desempenho.

O processo de acompanhamento caracteriza-se basicamente pela dinâmica gerencial de orientar o trabalho das pessoas e provê-las com feedbacks sobre comportamento e performance observados. Segundo Souza (2009, p. 75): "O diálogo é a competência interpessoal que garante o sucesso desta etapa". Não devemos esquecer de outros elementos, como a competência dos gerentes em motivar suas equipes para o alcance das metas; a abertura para comportamentos colaborativos; o incentivo à multifuncionalidade; e a confiança da equipe na liderança. Por fim, o processo se caracteriza pela realização da avaliação de desempenho de cada colaborador de forma mais estruturada (formal) e periódica, utilizando um formulário como o que vimos neste capítulo. Perceba como a avaliação de desempenho – por meio de um instrumento formal como um formulário – é somente um dos componentes do sistema integrado de gestão do desempenho.

3. **Ferramentas:** aqui entra a tecnologia para transformar o processo de avaliar desempenho em um sistema de informações, uma base de dados informatizada que subsidie as

tomadas de decisões. Essas ferramentas podem gerar, por exemplo, um relatório de desempenho do funcionário ao longo do último ano, para que o gestor possa decidir de forma embasada (e rápida) se ele merece ou não uma promoção. Para garantir a agilidade do acesso a informações, muitas empresas têm preferido usar planilhas e documentos digitais no lugar de formulários impressos.

4. Consequências: refere-se a quando se implementam ações com base nas avaliações de desempenho das pessoas. É o que se faz tendo em mãos as informações sobre cada colaborador, obtidas por meio da base de dados informatizada: capacitação, movimentação na carreira, aumentos de salários, reconhecimento público, demissões e até mesmo novas contratações. Nesta fase é que gerir desempenho ganha um sentido.

Um sistema integrado de gestão do desempenho bem estruturado e coerente serve, assim, aos seguintes propósitos:

- **Desenvolvimento contínuo:** a avaliação contribui para que as pessoas vejam seu desempenho e competências, pontos fortes e fracos, e saibam o que devem desenvolver para chegar ao estado desejado.

- **Integrar objetivos:** o sistema estabelece uma relação entre a performance da empresa e a de cada funcionário, monitorando o que ele entrega/agrega à organização. Sem a conjunção dos objetivos das pessoas com os da organização, ela não caminha de forma integrada. Em outras palavras, quanto mais alinhado com as expectativas da empresa estiver um colaborador, melhor será o resultado para todos.

- **Feedback de desempenho:** as pessoas não podem ficar sem referencial, às cegas, em uma organização. Elas precisam ter um retorno quantitativo e qualitativo da sua atuação. A avaliação de desempenho responde aos seguintes questionamentos: como estou me saindo no trabalho? O que meu gestor direto pensa a meu respeito?

▎**Incentivo ao diálogo:** a avaliação aproxima pessoas de níveis hierárquicos diferentes, em conversas sobre desempenho e objetivos de carreira.

▎**Oportunidades de melhoria:** um dos tópicos da avaliação é saber se o funcionário necessita de ações de capacitação para melhorar seu desempenho. Cursos, workshops, participação em projetos diferenciados, *job rotation*, programas de coaching e *mentoring* (práticas que vimos no capítulo 3) podem preencher lacunas de conhecimento, habilidades e atitudes do funcionário.

▎**Promoções e premiações:** a avaliação fundamenta a atribuição de recompensas e é útil para identificar quem não está adaptado a determinada área e pode ser aproveitado em outra.

▎**Alta performance:** ao passar pelo processo da avaliação, o líder torna-se capaz de montar equipes de alto desempenho, formadas por pessoas com personalidades e competências complementares. Essa configuração aumenta a cooperação entre indivíduos para atingir um objetivo.

Hoje, nas empresas, as grandes criações são produto da coletividade, da soma de várias inteligências que trabalham em conjunto – ou seja, da "genialidade coletiva" (DE MASI, 2003). Se pesquisarmos como o iPhone foi desenvolvido, ou mesmo como o homem chegou à Lua, há 50 anos, concluiremos que o sucesso dessas empreitadas se deu graças à sintonia e à sinergia de pessoas com diferentes formações e personalidades. O sucesso das empresas depende, portanto, da junção de pessoas com perfis diversos, porém com atitude cooperativa. Esse é o segredo das equipes de alta performance. Em muitas delas existem metas individuais e também grupais. Ao se atingir um objetivo, o reconhecimento é de todos.

▎**Processos sucessórios:** a permanente movimentação das pessoas em uma empresa é essencial para sua perenidade. A organização tem interesse no crescimento dos funcionários, do mesmo modo que esses têm desejo de assumir cargos que tragam maiores responsabilidades e ganhos. Avaliações de potencial e de desempenho, assim, são instrumentos imprescindíveis no monitoramento dos talentos da organização e de suas possibilidades de mobilidade em processos sucessórios.

- **Processo decisório:** de acordo com Chiavenato (2004, p. 224), a avaliação de desempenho "proporciona um julgamento sistemático para fundamentar aumentos salariais, promoções, transferências e, muitas vezes, demissões de funcionários".

- **Identificação de problemas:** a avaliação pode contribuir com ideias para o aumento da produtividade e para a identificação de problemas de saúde dos funcionários, que devem ser encaminhados a tratamento médico ou psicológico.

- **Monitorar e aumentar o nível de satisfação do cliente:** essa é uma consequência da avaliação, já que a melhoria da performance do colaborador obviamente se reflete na prestação de serviços e na produção de bens com mais qualidade.

. DICA.

Como futuro profissional de RH, há um ponto que você não pode ignorar: a avaliação de desempenho dos funcionários não deve ser realizada somente nos momentos formais – sejam eles trimestrais, semestrais ou anuais. É de total responsabilidade do gestor direto (líder de área) a avaliação de desempenho permanente da equipe, com feedback constante a respeito dos rendimentos e comportamentos no trabalho. O resultado da avaliação formal não deve ser uma surpresa para o colaborador, uma vez que cabe ao gestor direto dialogar frequentemente com ele sobre o que caminha bem ou sobre pontos fracos e oportunidades de melhoria em seu desempenho.

Em resumo: o resultado de uma avaliação formal é construído dia a dia, nas tarefas mais rotineiras. É necessário acompanhar de perto o rendimento de cada pessoa do setor, identificando oportunidades para corrigir falhas e implementar mudanças. Se o gestor observar comportamentos e ações que estejam se desviando do objetivo do trabalho, deve tomar providências, convocando quantas conversas individuais e grupais forem necessárias para redirecionar a equipe no sentido da alta performance/produtividade.

Implantação do sistema

Para as empresas, nem sempre é fácil implantar com sucesso o sistema integrado de gestão do desempenho. Há muitas variáveis – especialmente humanas – que influenciam de forma positiva ou negativa. Como futuro profissional de RH, é desejável que você esteja atento ao que denominamos fatores críticos de sucesso para a implantação de um sistema como esse. São eles:

- **Desenvolver uma cultura de avaliação (caso ainda não exista na empresa):** impor um sistema de avaliação do dia para a noite, sem informar as pessoas, sem prestar atenção às suas reações pode ser inútil, especialmente em empresas familiares ou pequenas que estejam passando por um processo de profissionalização da gestão. Só aos poucos é que se desenvolve uma cultura de avaliação. Receber notas e até mesmo um feedback construtivo pode ser muito desconfortável se os funcionários não estiverem preparados emocionalmente. Se a empresa em que você está ainda não possui o hábito de avaliar seu rendimento, é aconselhável que ela passe por um processo estruturado de mudança. Leia a respeito no capítulo 6 ("Gestão da mudança organizacional").

- **Preparar os gestores para avaliar o desempenho de seus funcionários:** não é tarefa fácil avaliar desempenho, por vários motivos. Como dissemos no capítulo 1, MGC é relativamente novo no Brasil, e nem todos os profissionais que ocupam cargos de liderança conhecem bem o que é competência e o que são indicadores. O gestor deve passar por um programa de capacitação na organização em que trabalha, para que aprenda como avaliar a performance de seus liderados – tanto no cotidiano, com feedbacks rápidos e conversas, quanto nas avaliações formais periódicas.

Observe alguns equívocos que podem acontecer em uma avaliação de desempenho, se o gestor não for devidamente capacitado:

a) Erro de julgamento, quando o gestor tende a avaliar liderados com pontos exageradamente altos ou exageradamente baixos (ou seja, variar entre extremos opostos), ou ainda classificar todos os colaboradores de maneira igual.

b) Erro de viés, em que determinada característica do colaborador, por ter uma avaliação demasiadamente alta, influencia a apreciação global do gestor.

c) Julgamento superficial por parte do gestor, decorrente de pressa, discriminação ou preconceitos, que penaliza os colaboradores – que acabam sendo injustamente avaliados.

d) Erro de prestígio, em que o gestor tende, internamente, a dar importância a determinadas características, fugindo ao peso dos parâmetros estabelecidos pela empresa.

e) Ambiguidade, provocada por falta de informação ou por informações errôneas sobre os colaboradores. Nem sempre o gestor está presente para observar o comportamento dos colaboradores, fato que pode provocar, novamente, desigualdade e injustiça nas avaliações.

O processo de avaliar permanentemente uma equipe envolve sensibilidade, capacidade de negociação de metas e objetivos, tempo para observar e dialogar, habilidade para chegar a um consenso na avaliação formal, abordagem correta e crítica construtiva. Como o exemplo tem de vir sempre de cima, a equipe deve sentir que é liderada e avaliada por pessoas qualificadas para isso.

> **Preparar os gestores para fornecer feedback:** esse é um dos pontos mais sensíveis em um sistema integrado de gestão do desempenho. Ele faz toda a diferença no sentimento das pessoas em relação ao processo avaliativo: dependendo da qualidade do feedback, o processo de avaliação pode ser muito admirado ou simplesmente odiado. O modo efetivo, construtivo e profissional de fornecer feedback é um ponto tão importante que dedicamos o final deste capítulo a ele.

▌**Comunicar o processo de avaliação de desempenho:** as pessoas precisam ser informadas a respeito das competências que serão avaliadas, dos resultados esperados e sobre como e quando ocorrerá o processo. É preciso que haja plena compreensão de todos sobre as motivações da empresa em implantar o sistema e quais as vantagens desse processo para os colaboradores. A avaliação precisa fazer sentido para cada um, do contrário será fonte de medo, frustração, sentimento de controle. É importante demonstrar que as competências funcionais que estão no formulário de avaliação de desempenho derivam da estratégia da empresa, de onde ela quer chegar e como o sucesso empresarial está atrelado aos esforços e à dedicação de cada um. Se as competências tiverem pesos diferentes de acordo com cargos/níveis hierárquicos, isso também deve ficar claro para as pessoas.

Outro ponto a comunicar é se há um mecanismo de reconhecimento e recompensas atrelado à avaliação de desempenho (veremos isso com mais detalhes no próximo capítulo, sobre cargos, carreira e remuneração). É preciso que os gestores deixem claro para a equipe o que ela ganhará se fizer direito seu trabalho. Por exemplo, o que o funcionário ganhará, tendo a meta semestral de vender 5.000 seguros: A) se seu desempenho for sofrível e ele atingir apenas 40% da meta?; B) se seu desempenho for bom e ele atingir entre 80 e 90% da meta?; e C) se seu desempenho for excelente e ele atingir 100% da meta, ou ultrapassá-la?

Mas o desafio da comunicação não para por aí: cabe ao gestor checar se a equipe entendeu as metas, se está comprometida com aquele horizonte de desafios e se cada membro sabe o que fazer para que os objetivos sejam atingidos. Se na prática o impacto das metas organizacionais não for bem visualizado, a equipe simplesmente perde o rumo, e a empresa não atinge os resultados que almeja. As pessoas gostam e se sentem valorizadas quando recebem instruções e regras claras.

▌**Negociar as metas de desempenho e certificar-se de que foram compreendidas:** uma das maiores fontes de confusão e frustração nas empresas é o excesso de metas: elas são tantas que, se questionados a respeito, os funcionários simplesmente não sabem responder quais são as metas cruciais – ao passo que deveriam ter isso na ponta da língua. Nas empresas bem geridas, as (poucas) metas são realmente importantes e todos as conhecem. Assim como em uma empresa as metas devem ser bem claras, as pessoas têm de ter certeza de quais são suas metas de rendimento. Esse entendimento pode surgir de um diálogo entre gestor e equipe, momento em que negociam/pactuam os objetivos a serem atingidos pelo departamento.

Outro ponto importante no processo de gerenciamento da equipe é a concessão de liberdade e autonomia para cada pessoa da equipe escolher seus próprios meios de alcançar os objetivos definidos. Isso é dizer o que fazer, mas deixando as pessoas livres para decidirem como fazer o trabalho.

Como dar feedback

Diz-se que o feedback é um presente: devemos recebê-lo com carinho, porque é uma oportunidade que temos de saber como os outros nos veem. É a comunicação oral, por parte do gestor, de como anda tanto o comportamento quanto o desempenho de seus funcionários, de forma que eles possam considerar a possibilidade e a conveniência de modificarem suas atitudes para uma melhor produtividade e interação com os colegas de trabalho, já que todos afetam todos.

Como dissemos anteriormente, um bom líder de equipe não é aquele que espera a hora da sessão obrigatória de feedback trimestral ou semestral, determinada pela empresa (denominada sessão de feedback estruturado), para dar um retorno da performance e do comportamento dos integrantes do seu time. Não é saudável para a empresa, nem para as pessoas, aguardar tanto tempo para ouvir verbalmente o hiato que pode estar existindo entre o seu desempenho real e o seu desempenho esperado. Um bom líder é aquele que periodicamente dá aos seus liderados sua percepção de como anda o comportamento e as entregas de cada um. São momentos de comunicação que ocorrem de maneira natural, à medida que a equipe trabalha, para advertir sobre certas atitudes, corrigir rumos individuais de trabalho (ou o rumo de trabalho da equipe como um todo) e deixar as pessoas alinhadas com o que se deseja. Para isso, basta que o gestor faça um simples comentário (em torno de duas ou três frases) em um dia, outro comentário uma semana depois... O que estamos frisando é que é de total responsabilidade do líder manter sua equipe informada sobre a qualidade de suas atitudes e de seu desempenho.

Se um líder testemunha no corredor, por exemplo, uma manifestação de preconceito racial de um funcionário em relação a outro, é seu dever chamar a pessoa que foi preconceituosa, de preferência no mesmo dia, para alertá-la de seu mau comportamento, das consequências que isso pode ter em sua vida na empresa (e até na sua vida pessoal), sondar as motivações que levaram o funcionário a ter aquele tipo de atitude e pactuar com ele que não ocorra de novo.

Dar feedback não é fácil, e é uma arena que não admite improvisos. O gestor precisa seguir com diligência as instruções para fornecer um feedback construtivo a seu funcionário. Seguem algumas delas:

▌ **Não faça juízos de valor:** isto quer dizer que o feedback tem de ser descritivo. Ele deve descrever o impacto de uma pessoa sobre a outra, de um membro da equipe sobre seu colega, mas não fazer julgamentos. Uma coisa é dizer: "João, você *é agressivo*". Isso é um rótulo, um juízo de valor. Classificar uma pessoa de determinada maneira é como dizer que é impossível fazer algo a respeito, simplesmente porque ela "é" assim. Outra postura, completamente diferente, é afirmar: "João, nos últimos meses tenho notado uma atitude agressiva de sua parte". Isso é muito mais leve, pois não se está condenando a pessoa. Quando se diz que a pessoa *está sendo* agressiva, determina-se que essa atitude é temporária, episódica, passível de ser modificada. Não use, portanto, o tom de acusação ou de julgamento. Isso evita que o outro aja defensivamente.

- **Seja específico, não generalista:** dizer a alguém que ele é dominador não é tão útil quanto dizer: "Agora há pouco, quando estávamos decidindo a questão, notei que você não estava prestando atenção ao que os outros falavam, e eu me senti forçado a aceitar seus argumentos ou a enfrentar sua ofensiva". Não seja genérico, mas sim preciso, específico. Assim você não será superficial em sua análise, mas vai direto a pontos que realmente tornam seu feedback consistente, embasado.

- **Baseie-se em fatos e dados:** em um feedback cabe dizer, por exemplo: "João, eu vi sua folha de ponto neste mês e constatei que você chegou atrasado oito vezes. O que está acontecendo?"; ou "João, tive acesso à sua última avaliação de desempenho e constatei uma queda de 5% em sua produtividade". Nunca baseie um feedback em suposições, fofocas e no que ouviu na "rádio corredor". Sua base deve ser os fatos que você presenciou e os documentos a que teve acesso. Portanto, é extremamente indelicado e nada profissional dizer em uma sessão de feedback: "A funcionária Maria me disse que você está passando por problemas no casamento. É isso que está afetando o seu rendimento?" Em vez de agir assim, crie uma atmosfera para que a pessoa se sinta à vontade para relatar um problema dessa ordem. Um caminho é perguntar, por exemplo: "João, há algo fora do trabalho que está incomodando você?"

- **Garanta uma comunicação clara:** peça ao funcionário que expresse, com suas próprias palavras, a mensagem recebida, para verificar se corresponde ao que você de fato quis dizer.

- **Fale em seu nome:** como gestor, fale sempre em seu nome: são as suas impressões, com base em fatos, em dados. Não use a sessão de feedback para falar em nome de outras pessoas. Isso não é uma crítica construtiva e só torna pesado o momento da conversa.

É muito mais fácil dar feedback do que aceitá-lo. Para aceitar o feedback é preciso, antes de mais nada, estar disposto a ouvir a outra pessoa. Além disso, quem dá feedback só pode realmente ajudar na medida em que evita encarar a situação como uma oportunidade para sobressair-se ao outro ou castigá-lo.

Veja mais dicas para dar feedback:

- Prepare-se antes de realizar a conversa.
- Escolha o momento apropriado. Antes de iniciar a conversa, vale a pena avaliar o estado emocional do seu funcionário e se está tudo bem com ele.
- Verifique antecipadamente a escolha do local e a hora para a conversa, evitando interrupções desnecessárias. A privacidade tem de ser preservada.
- Estabeleça um clima amistoso e leve, para que a ansiedade não dificulte o diálogo. Não utilize a posição de avaliador para inibir o funcionário.
- Relembre o funcionário sobre os objetivos da avaliação de desempenho: compartilhar informações importantes acerca da performance e dos comportamentos do colaborador, com o objetivo de aumentar seu rendimento, valorizá-lo, mostrar seus pontos fortes e oportunidades de melhoria.
- Inicie a sessão de feedback ressaltando os pontos fortes do funcionário, suas conquistas e o quanto ele tem sido importante para a empresa. Fale, então, sobre o que ele deve melhorar – baseando-se, como dissemos, em fatos e dados.
- Tenha boa memória: não considere apenas os últimos acontecimentos, mas sim todos os fatos que ocorreram no período. Faça uma análise do histórico do funcionário.
- Faça perguntas que levem o entrevistado a falar. Não formule perguntas que tenham como resposta sim ou não.
- Escute sobre as eventuais dificuldades que o funcionário está enfrentando para ter um bom desempenho nas tarefas. Pode

ser que haja algum fator externo (problemas pessoais/familiares). Dê atenção a ele, saiba escutar demonstrando interesse pelo que está sendo dito. Seja paciente e tolerante.

- Peça sugestões para a otimização dos trabalhos. Às vezes, surgem ideias brilhantes.
- Se cometer um engano, não vacile em admiti-lo, em vez de querer sustentá-lo. É mais fácil que o colaborador admita seus próprios erros se o seu superior também o fizer.
- Diga ao funcionário o conceito que você tem sobre sua atuação. Não diminua ou aumente suas falhas ou pontos positivos.
- Teça apenas elogios sinceros; as bajulações não levam a nada.
- Cuide para não ser muito complacente ou muito rígido em sua avaliação.
- Não se deixe levar por protecionismo, simpatias ou antipatias.
- Evite que a conversa se transforme em uma série de perguntas e contestações. Feedback é diálogo produtivo, é negociação.
- Trace objetivos para o futuro.
- Assuma a atitude de orientador. A finalidade da conversa é ajudar o funcionário a melhorar seu desempenho.
- Termine a sessão de feedback com palavras positivas, de incentivo.
- Mantenha uma atitude respeitosa durante todo o tempo: a relação de confiança entre as partes é uma das coisas mais importantes a serem preservadas.
- Não formule promessas que não poderão ser cumpridas.
- Não confunda desabafo de emoções e sentimentos com feedback.
- Nunca teça uma crítica em público. A regra de ouro é: elogie em público, critique em particular.
- Lembre-se de que cada pessoa é única. Considere as diferenças ao avaliar os membros da sua equipe.
- Utilize a sessão de feedback também como fonte de reflexão para sua atuação: em que pontos sua ação gerencial e seu setor podem ser aperfeiçoados?

- A primeira conversa de feedback é a que apresenta maior dificuldade, pela falta de hábito. Depois, tudo se torna mais fácil.
- O líder gera no liderado o desejo por feedback; o não líder gera aversão a essa dinâmica.

O feedback é, portanto, uma maneira de dar auxílio, um mecanismo institucional que contribui para que o funcionário torne adequado seu comportamento na organização.

Confira, agora, algumas dicas para receber feedback de maneira adequada:

- Demonstre e comunique sua confiança no processo e interesse em participar dele.
- Ouça seu gestor com atenção e respeito, mesmo que discorde dele *a priori*.
- Mantenha a ética com relação a outros envolvidos.
- Se receber um feedback positivo, lembre-se de agradecer e dar créditos aos que o ajudaram a obter esse resultado.
- Se receber um feedback negativo, não se esquive das responsabilidades: aceite-as.
- Se receber um feedback injusto, verifique se o momento e o estado emocional do interlocutor são favoráveis para a sua contra-argumentação.
- Não confunda emoções e sentimentos pessoais com profissionalismo: concentre-se nos fatos.
- Entenda toda e qualquer crítica como possibilidade de crescimento e evolução, mesmo que seja nos quesitos de tolerância e paciência.
- Verifique se compreendeu com clareza o que lhe foi dito, agradeça e se comprometa a refletir e rever o que for necessário.
- Mantenha discrição e sigilo sobre o feedback recebido.

Lembre-se: o profissional em busca de excelência não espera para receber feedbacks: solicita-os sem receio ou vaidade. Seu objetivo de crescimento e evolução alimenta-se dessas percepções.

ATIVIDADES

1. Monte em grupo uma empresa. Escolha os valores que farão parte da sua cultura e, a partir daí, monte um formulário de avaliação de desempenho contendo as competências desejáveis nos funcionários e seus indicadores. Seja criativo!

2. Em dupla, utilizando a situação-caso fornecida pelo professor, simule uma reunião de feedback. Na primeira rodada você será o gestor (quem dá o feedback) e, na segunda, você será o funcionário (que recebe o feedback). Cada rodada não deve levar mais do que 10 minutos.

3. Debata com seus colegas a seguinte questão: você sente uma grande pressão por resultados hoje? Sobre que aspectos você se sente pressionado? Em sua opinião, por que isso surgiu?

4. Imagine a seguinte situação: um amigo seu deseja muito ser um ótimo jogador de futebol, mas não sabe se tem potencial. Como você pode diagnosticar se ele tem potencial para praticar esse esporte?

5. Quais metas você traçou para ter um ótimo desempenho no curso de RH?

5 CARREIRA, CARGOS E SALÁRIOS

Este capítulo trata de uma das questões mais importantes para o futuro profissional de RH: a carreira. Certamente, um dos motivos pelos quais você está realizando este curso é o seu crescimento profissional.

Segundo o coach e profissional de RH Allan Silva de Faria,[1] "no passado, as empresas investiam no desenvolvimento dos profissionais para que dessem retorno e atingissem resultados". Para Faria, isso limitava a capacidade de aprimoramento do colaborador. Ele observa uma mudança de paradigma na atualidade: "O profissional contemporâneo investe no seu intelecto, potencializa sua performance, percebe desafios como oportunidades de desenvolvimento pessoal e profissional e, com conhecimentos, habilidades e atitudes, desenha sua trajetória profissional e transforma o ambiente em que está inserido", ressalta. O coach observa ainda que essa mudança de paradigma representa uma exponencial vantagem competitiva, tendo em vista que o investimento em outros recursos jamais vai se sobrepor àquele que mais faz diferença nos resultados das organizações: recursos humanos – ou melhor, talentos.

---

1 Depoimento concedido à autora por e-mail, em 17 de fevereiro de 2016.

Dificilmente, você encontrará uma pessoa que não esteja interessada em colocar em prática suas aptidões e capacidades (talentos) para atingir seus desejos e necessidades. Ter uma qualificação vai ajudá-lo a conquistar um espaço no mercado de trabalho ou, se você já trabalha, a estar preparado quando surgir uma oportunidade na empresa. A trajetória que um profissional percorre – cursos e ações de desenvolvimento, mudanças de cargo ou de empresa – fazem parte da sua carreira, que vai sendo construída a cada novo passo que for dado. Para Dutra (1996), a carreira "está longe de ser uma estrada plana e asfaltada que, se bem trilhada, conduzirá ao sucesso, à riqueza e à satisfação pessoal". A melhor caracterização é a de uma estrada cuja direção não é única e que apresenta mudanças e rupturas.

Mas carreira não é somente uma sucessão de cargos ocupados e trabalhos executados ao longo da vida. A moderna gestão de pessoas a considera algo muito maior do que uma evolução vertical ou horizontal de um indivíduo na hierarquia de uma ou mais empresas. Hoje, a definição de carreira tende a não circunscrevê-la apenas à dimensão profissional, laboral. A carreira hoje é encarada como um sistema: ela procura unir as dimensões profissionais e pessoais de nossa vida – até porque essa é e sempre será uma separação artificial, que pressupõe uma visão fragmentada do ser humano. É lógico que aspectos da vida pessoal – como família, vontade de ter filhos ou não, visão filosófica ou religiosa da realidade, desejo de ter algumas horas de tempo livre por semana – influem sobremaneira na vida profissional de uma pessoa. O fato de um indivíduo não querer trabalhar de sábado por conta de pressões familiares – ou não se colocar disponível para viagens nacionais e internacionais porque quer acompanhar o crescimento de um filho – é um exemplo de como essas duas dimensões tradicionalmente separadas – a profissional e a pessoal – na verdade, andam de mãos dadas. Não são caminhos paralelos: são um só, e eles devem convergir.

A carreira, na verdade, é a história de vida de uma pessoa. Não à toa, hoje ela é definida por expressões como projeto de vida, espaço de vida e projeto pessoal. Por isso, carreira é biografia. Carreira está atrelada a sonho, e ela é tanto mais significativa quanto mais você sabe a resposta para as seguintes perguntas: o que vim fazer aqui? Qual seria a minha marca registrada no planeta? Que legado eu gostaria de deixar para o mundo? Quanto mais perto das respostas você estiver, maior a probabilidade de você viver cada dia de sua vida trabalhando *em* algo e *em prol de* algo que faça muito sentido para você, que lhe dê uma razão de existir. Um propósito, um por que lutar. Enfim: algo que gere felicidade.

Aqueles que desejam ser bem-sucedidos e se destacar no mercado devem buscar o crescimento contínuo e o desenvolvimento de sua carreira. Algumas atitudes, como possuir metas definidas a curto, médio e longo prazos, saber se comunicar com clareza, ler sobre assuntos gerais, ter e cultivar bons relacionamentos, saber em quem confiar (e inclusive pedir ajuda) contribuem significativamente para esse fim.

As bases de uma carreira e da empregabilidade são:

- **Exercer uma atividade que seja convergente com sua vocação.**
- **Ser competente.**
- **Agir com ética.**
- **Mostrar entusiasmo em sua comunicação e interação com os outros.**
- **Cuidar da saúde física e mental.**
- **Manter a autoestima elevada.**
- **Preocupar-se com o futuro profissional.**

Há um componente indispensável para tornar uma carreira exitosa e gratificante: o autoconhecimento. É essencial fazer o que se gosta, descobrir e respeitar seu perfil, características e personalidade

• SAIBA MAIS •
Empregabilidade é a capacidade individual de obter emprego ou se manter empregado. Assim, cuidar da sua própria empregabilidade é uma forma de se ajudar na sociedade atual, em que o tempo de permanência nas empresas diminui e a rotatividade aumenta.

e ter consciência de suas capacidades, aptidões, valores (culturais, religiosos, políticos, familiares), necessidades, desejos e objetivos.

Há profissionais cujo perfil é mais consultivo do que executivo: eles auxiliam e assessoram os tomadores de decisão (executivos) e atuam nos bastidores levantando informações, pesquisando cenários, criando soluções para problemas. É um perfil completamente diferente do perfil executivo, que está na linha de frente, gerenciando, supervisionando e tomando decisões. Outro exemplo: um engenheiro civil com perfil técnico executa o projeto de uma construção, identifica os melhores materiais, estuda o terreno, vai a campo acompanhar as etapas do trabalho. Já um engenheiro civil com perfil gerencial, com o tempo, se distancia desse tipo de atividade e se dedica à gestão de pessoas em projetos: é o gerente (líder), que recruta pessoas e monta uma equipe, verifica como está a interação entre os membros, supervisiona o escopo e o cronograma do projeto.

Perceba como esses caminhos são diferentes. Isso ocorre porque não há um ser humano igual a outro: uns preferem oportunidades mais estáveis e optam pelos concursos públicos; outros são mais abertos a riscos e decidem abrir a própria empresa ou perseguir cargos altamente competitivos em companhias privadas; uns são intuitivos, imaginativos, com maior tendência à abstração e não tão atentos aos detalhes; outros são racionais, metódicos, com um raciocínio mais lógico.

• DICA •

O renomado psicólogo Carl Jung elaborou um excelente teste para desvendar os tipos de personalidade de cada um. Trata-se do teste de perfis psicológicos, que pode ser acessado pela internet. Faça-o para ampliar seu autoconhecimento e sugira ao seu gestor a aplicação na equipe. Certamente, será um ganho enorme para todos, pois, quando há a união, em uma mesma equipe, de perfis complementares, os resultados costumam ser qualitativamente superiores.

Um alerta: é preciso ter muito cuidado com crenças equivocadas sobre carreira. Por isso, lembre-se das seguintes premissas corretas sobre esse tema:

- **Não é porque uma pessoa escolheu uma formação que tem de trilhar a carreira nessa área.**
- **O sucesso pode ser decorrência de vários fatores, não só do ensino formal.**
- **No decorrer da vida, é possível fazer várias escolhas profissionais.**
- **Tempo de trabalho e tempo de estudo não se separam: o indivíduo deve aprender o tempo todo em seu cargo ou função.**

Saber qual é sua vocação, necessidades, desejos e aonde quer chegar é suficiente para você ser bem-sucedido em uma carreira? A resposta é: não. É preciso planejar a carreira: identificar metas e trabalhar para alcançá-las, avaliar o progresso desse projeto de vida, monitorar desvios e fazer ajustes de rumo. Esse processo é chamado de gestão de carreira.

A gestão de carreira começa com um plano de carreira – do qual falaremos mais adiante. Por ora, o importante é saber que ela deve ter um propósito fundamental: fazer com que a pessoa alcance seu objetivo e não caia no que Dutra (1996) chama de "armadilhas profissionais". As armadilhas são tudo aquilo que nos desviam do caminho previamente traçado, do que realmente queremos para nós. Elas sempre aparecem camufladas de oportunidades, e normalmente suas iscas são remuneração, prestígio (status), imagem ou posição da empresa, local de trabalho, carga horária menos intensa ou, ainda, a possibilidade de alavancar projetos de curto prazo. A forma de evitá-las é trabalhar o autoconhecimento e ter a firme predisposição de se respeitar. Portanto, tome cuidado ao optar por situações que depois não lhe trarão satisfação, por não combinarem com você ou não estarem de acordo com seus valores e necessidades nas diversas fases da vida.

•CARREIRA NO PASSADO E NO PRESENTE•

Quais as diferenças entre o conceito de carreira no passado (modelo tradicional) e no presente? Uma delas é que, na atualidade, é preciso estar muito mais atento do que anteriormente às transformações e às exigências do mercado. São mudanças profundas, capazes de desconstruir empresas que até pouco tempo atrás eram consideradas sólidas. Tal cenário faz com que o profissional reveja constantemente sua atuação. Conheça algumas dessas transformações:

- Se antes ter uma carreira significava um emprego em uma empresa com estabilidade e previsibilidade, hoje a realidade é bem diferente: as pessoas passam por várias empresas com o objetivo de conhecer diferentes culturas organizacionais e desenvolver competências, ou empreendem o seu próprio negócio (quando não vivem as duas situações ao mesmo tempo, em carreiras paralelas). Ou seja, a carreira pode ser realizada em uma ou várias empresas, ou mesmo alternando empresas e projetos pessoais. O cenário atual é imprevisível, caótico, sem garantias, e devemos estar preparados para isso.

- Se antes a carreira era tutelada pela empresa, hoje ela deve ser construída pela pessoa, considerada a única responsável pelo seu sucesso ou fracasso: é por isso que os "contratos psicológicos" dos indivíduos com as organizações são muito mais fracos na atualidade. Por não se sentirem cuidados como no passado, seu grau de fidelidade e lealdade a elas é muito menor.

- Se antes as empresas esperavam dos empregados atitudes como disciplina e diligência, hoje desejam funcionários proativos e criativos, que tenham flexibilidade para escolher sua forma de atingir metas. O foco passa a ser nos resultados que o indivíduo entrega, e não em seu modo de fazer as coisas acontecerem. Daí a abertura das companhias para o trabalho home-office, para a jornada flexível de trabalho, etc. O foco está nos fins (resultados e entregas, metas alcançadas) e não nos meios. A organização valoriza a contribuição do colaborador ao negócio, por isso focaliza a competência da pessoa.

- Se antes os empregados investiam no aprimoramento ou no desenvolvimento de competências específicas para determinada empresa, hoje não se pode mais agir assim. Como a palavra de ordem é empregabilidade – e não mais emprego –, as pessoas devem desenvolver competências que possam ser utilizadas por uma variedade de organizações, como autonomia, liderança, comunicação, bom relacionamento interpessoal, capacidade de lidar com as diferentes gerações que coexistem na empresa, habilidade para trabalhar em equipes multidisciplinares, facilidade em resolução de problemas, resiliência, abertura a mudanças, negociação, foco em resultados e predisposição para aprender e se reciclar. Em resumo: as competências devem ser amplas e significativas o suficiente para o sujeito se manter empregável.

Tendências atuais

Entre as tendências atuais de carreira, destacam-se gestão compartilhada de carreira, carreiras proteanas e carreiras paralelas.

A **gestão compartilhada de carreira** consiste na administração da trajetória de um indivíduo por ele mesmo e pela empresa em que atua. Há uma sinergia e uma divisão das responsabilidades entre as duas partes. É um modelo baseado na convergência e constante negociação de interesses entre empregador e empregado (DUTRA, 1996).

Em linhas gerais, na gestão compartilhada as pessoas são responsáveis por planejar suas carreiras, enquanto a empresa fica a cargo do gerenciamento de oportunidades. Nessa parceria, então, cabe às pessoas criar seu próprio projeto de vida e zelar por ele; ampliar o autoconhecimento (aptidões, desejos, valores, necessidades); avaliar-se constantemente; estabelecer um plano realista de carreira; e qualificar-se para competir por oportunidades.

Ainda segundo Dutra (1996), alguns papéis da empresa são conciliar o desenvolvimento organizacional com o das pessoas; definir o nível de suporte dado ao planejamento individual de carreira; estabelecer políticas, diretrizes, instrumentos e ações de gestão de carreira; formatar as estruturas da carreira, os níveis de cada estrutura e os requisitos de acesso a eles; fixar critérios claros de valorização profissional e acesso às diferentes posições na organização; definir o grau de liberdade dado às pessoas para efetuarem opções de carreira e compartilharem decisões sobre suas trajetórias profissionais; divulgar cargos vagos, para que os funcionários possam caminhar em direção a posições mais altas, ter aumento de salário e de responsabilidades; e divulgar oportunidades de capacitação.

A **carreira proteana** (autodirigida) é desenhada e gerida pelo indivíduo, de acordo com seus princípios de vida. Esse modelo é baseado nos valores individuais, no que é importante para cada um. Se um valor relevante para a pessoa é contribuir para um mundo melhor, talvez ela busque trabalhar em uma ONG de causas humanitárias; se acha indispensável ter mais tempo para os filhos, ela pode optar por trabalhar a distância ou até mesmo pedir demissão.

Podemos citar ainda como características da carreira proteana:

- Tem como mote o sucesso psicológico mais do que o estatuto hierárquico. Como cada um tem sua própria referência do que seja êxito, o que vale é o que a pessoa acredita ser sucesso.

- É encarada como uma sucessão de mudanças de identidade profissional ao longo da vida. Não à toa, carreira proteana é um termo que remete a Proteus, deus da mitologia grega que tinha a habilidade de mudar de forma de acordo com sua vontade.
- Valoriza a aprendizagem contínua e a expansão de competências: as mudanças de identidade só fazem sentido se oferecem oportunidades de aprendizagem e de desenvolvimento pessoal. As fontes de aprendizagem e de desenvolvimento são os desafios e os relacionamentos proporcionados pelo trabalho, mais do que os programas de formação ou reciclagem.
- A aprendizagem mais valorizada é a de metacompetências (aprender a aprender) que permitam desenvolver o autoconhecimento e a adaptabilidade.

Você já conheceu alguém que tem um emprego fixo durante o dia (por exemplo, analista contábil) e em algumas noites da semana trabalha como DJ em boates e eventos? Essa pessoa é um exemplo de alguém que está vivendo **carreiras paralelas**. Um indivíduo que é consultor de empresas e professor de MBA é outro caso de carreiras paralelas. Um personal trainer e revisor de textos também se encaixa nessa categoria. Esse profissional pode ter buscado essa dobradinha por uma motivação mais do que legítima: diferentes necessidades de satisfação (relacionamento com pessoas por meio da prática esportiva, aliado a um alimento intelectual proporcionado pelo contato com novos conhecimentos ao revisar livros, por exemplo). A carreira paralela acontece quando um indivíduo exerce diferentes atividades (correlacionadas ou não). Assim, ou ele é empregado e empreendedor, ou tem vários empregadores. Em momentos de crise econômica, optar por carreiras paralelas pode ser vantajoso, uma vez que a renda da pessoa vem de mais de uma fonte.

Estruturas ou desenhos de carreira

Como futuro profissional de RH, certamente você terá acesso às estruturas ou desenhos de carreira da empresa em que atuará – seja porque você pesquisará por interesse próprio, seja porque outros funcionários o consultarão para planejarem suas carreiras. As estruturas ou desenhos de carreira que você deve conhecer são estrutura em linha, estrutura em rede e estrutura paralela (em Y).

A **estrutura em linha** formata o crescimento vertical do indivíduo na organização. As diversas posições são ordenadas em uma única direção, sem alternativas. É um desenho muito comum nas empresas, por ser mais simples de configurar e administrar. No entanto, apresenta como limitação o fato de não haver opções para outras trajetórias. Na estrutura em linha, o topo da carreira corresponde a posições gerenciais, portanto, ela não contempla profissionais que preferem a carreira técnica. Por estar atrelada a áreas funcionais, a estrutura em linha não é adequada a empresas que fazem frequentes realocações de pessoas ou necessitam redefinir sua estrutura organizacional (DUTRA, 1996).

A **estrutura em rede** apresenta várias alternativas para cada posição da empresa, o que permite ao profissional optar pela trajetória que mais lhe agrade, conforme os critérios de acesso estabelecidos. Nessa estrutura, as trajetórias profissionais sempre conduzem a posições gerenciais.

Quando duas estruturas em linha (uma técnica e outra gerencial) coexistem, tem-se o desenho de **estrutura paralela ou estrutura em Y**. Esse desenho representa uma sequência de posições que um funcionário pode assumir, orientada em duas direções – uma de natureza técnica e outra gerencial (DUTRA, 1996). Deve-se ressaltar que o acesso aos maiores níveis de remuneração e reconhecimento é oferecido a ambas as direções. Assim, incentiva-se a manutenção do profissional técnico na carreira afim e evita-se que ele ocupe posições gerenciais quando não tem aptidão para isso.

As estruturas ou desenhos de carreira são importantes por estabelecer e organizar o conjunto de expectativas que a empresa tem em relação aos empregados. Eles definem os níveis de valorização existentes para diversas funções e níveis de capacitação. Por fim, estabelecem os critérios de acesso de um funcionário a um cargo mais valorizado, fixando assim critérios para a migração das pessoas.

Plano de carreira e instrumentos de gestão de carreira

As decisões sobre carreira não se resumem a momentos episódicos na vida de uma pessoa. Não raro somos confrontados com mudanças, seja no ambiente em que vivemos e trabalhamos, seja em decorrência de uma escolha que fazemos na vida. Por esse motivo, as decisões sobre carreira são tomadas no calor dos acontecimentos e, na maior parte das vezes, sem o distanciamento crítico necessário. A melhor maneira de se preparar e se antecipar aos acontecimentos é traçar um planejamento estratégico, que pode ser repensado e modificado à medida que progredimos na carreira.

O plano de carreira é um documento em que sistematizamos o que somos, o nosso estado atual, o nosso estado desejado e o que devemos fazer ao longo do tempo (cronologicamente) para chegar lá. Ele funciona como uma bússola, um norte, permitindo que questionemos com frequência a efetividade de nossas estratégias e monitoremos o tempo que estamos levando para atingirmos nossas metas.

Há vários formatos (formulários, templates, canvas) para um plano de gestão de carreira. Como profissional de RH, o que você precisa saber é que todos possuem, em essência, os seguintes passos:

1. **Autoconhecimento:** todo plano de carreira consistente deve partir do autoconhecimento. Do contrário, a trajetória escolhida pela pessoa não será aquela que contempla suas aptidões, capacidades, desejos e necessidades. Parece a parte mais fácil, mas não é: por isso existem no mercado tantos profissionais que prestam serviço na área de promoção do autoconhecimento, como psicólogos e coaches. Geralmente, esse ponto de partida é muito negligenciado, pois não somos educados a olhar para dentro. O resultado é que escrevemos um plano de carreira sem saber quem somos e o que queremos, o que certamente levará a problemas no futuro.

2. **Conhecimento do mercado:** uma vez que conheça a si mesmo, é fundamental buscar informações sobre o que ocorre no mercado e sentir a sua "temperatura": as empresas estão recrutando para as posições de sua área? Quanto estão pagando? Quais são as competências mais requeridas (conhecimentos, habilidades e atitudes)?

3. **Objetivos de carreira:** diz-se que nenhum vento é favorável se não se sabe aonde se quer chegar. Conhecendo a fundo as suas aptidões, interesses, necessidades e desejos, é hora de estabelecer seus objetivos de carreira. Essa é a parte do plano em que se responde às seguintes perguntas: quais são meus objetivos de curto, médio e longo prazos? Quero ocupar cargos técnicos na área de engenharia ou quero em algum momento exercer uma função gerencial? Quero permanecer em uma empresa sólida durante toda a minha vida como jornalista ou desejo passar por várias empresas – ainda que isso represente mais risco? Quero trabalhar no mercado financeiro por alguns anos apenas para adquirir conhecimento e depois abrir minha própria consultoria na área?

4. **Estratégia de implementação:** estabelecidos os meus objetivos de carreira, *como* vou alcançá-los? Responder o "como" é colocar no papel as estratégias de implementação do que eu planejei. Para ser reconhecido em cargos técnicos na área

de engenharia, quais cursos vou fazer? Se quero em algum momento exercer uma função gerencial, como devo proceder para ser promovido à gerência de uma equipe? Caberia então eu passar pela experiência-teste de ser designado para gerenciar um projeto desafiador? Para permanecer em uma empresa sólida durante toda a minha vida como jornalista, não seria inteligente investir em um curso de idiomas e na minha rede de relacionamentos? Para abrir minha própria empresa, vou fazer um curso voltado para empreendedores?

5. **Plano de ação para implementação:** o plano de ação consiste em colocar no papel, de forma linear, as ações práticas (o passo a passo) para atingir os objetivos de carreira. Coloca-se em um cronograma as ações/estratégias elencadas no quarto item. Por exemplo, para fazer carreira na área de RH, eu vou: 1. Fazer o curso técnico de RH; 2. Ingressar em alguma empresa para uma primeira experiência, ao mesmo tempo que faço um curso de inglês; 3. Prestar vestibular para o curso de graduação em administração com ênfase em RH; 4. Aumentar minha rede de relacionamentos com professores e colegas de faculdade, além de participar de eventos e congressos na área e ser monitor de algum professor; e 5. Participar de feiras de estágio para conseguir uma oportunidade em RH no setor de varejo, de que gosto muito.

6. **Acompanhamento do plano:** todo plano deve ser monitorado, até porque ajustes no meio do caminho sempre são necessários. É preciso checar o que pode estar atrasando ou impedindo que você atinja seus objetivos de curto, médio e longo prazos.

Em relação à gestão de carreira, há várias ferramentas que ajudam a direcioná-la ao sucesso. Entre elas estão workshops e palestras sobre carreira, eventos especialmente úteis para pessoas que se encontram no estágio inicial de sua trajetória.

Outra atitude que contribui para a gestão de carreira é fazer networking, ou seja, trabalhar para criar e cultivar uma rede de contatos e relações. Todo mundo pensa que sabe fazer networking, mas não é tão simples assim. Uma postura de autopromoção quando se conhece uma pessoa, por exemplo, costuma ser um desastre. É muito mais efetivo criar empatia e sintonia com o outro fazendo perguntas que demonstrem vontade genuína de conhecê-lo. A capacidade de montar uma rede de relacionamentos não termina na conhecida troca de cartões: é necessário sempre que possível retomar o contato com a pessoa – seja para cumprimentá-la pelo aniversário, seja para compartilhar uma ideia, ou até mesmo para colocar-se à disposição para ajudá-la, se ela estiver passando por um momento de transição de carreira. Certamente, essa pessoa nunca mais se esquecerá de você.

O investimento na melhoria da comunicação é outro aspecto de grande importância na gestão de carreira. Muitas vezes, em uma entrevista, acaba conseguindo a vaga não o candidato tecnicamente mais competente mas aquele que sabe expressar com clareza suas ideias e contar sua história com entusiasmo, que articula bem os pensamentos e raciocina de maneira lógica. É muito importante ficar atento à melhoria contínua da comunicação; usar corretamente o idioma; procurar enriquecer o vocabulário; treinar o raciocínio lógico, a oralidade e a habilidade de se apresentar em público. Outro ponto importante é a comunicação não verbal (postura, expressão facial, volume, tom e ritmo de voz, gesticulação e movimentação). Afinal, o que o nosso corpo transmite pode até mesmo negar o conteúdo que estamos verbalizando.

O investimento em aprendizagem permanente é uma ferramenta de gestão de carreira que favorece a reciclagem contínua, para aquisição de conhecimentos e o desenvolvimento constante de competências, assunto abordado em profundidade no capítulo 4. Por fim, o marketing pessoal é uma ferramenta que atua no modo como as pessoas nos veem – as inferências ou leituras dos recrutadores, de nossos colegas de trabalho ou gestores. Dependendo do modo como somos vistos, nossas possibilidades de carreira podem ser ascendentes ou descendentes. Portanto, cuide do seu marketing pessoal: vista-se adequadamente, apresente-se asseado, seja pontual e cordial com as pessoas. Outras atitudes podem ser consideradas positivas, como zelar pelos recursos e instalações da empresa.

Cargos e salários

Há dois pontos relacionados à carreira dos indivíduos quando falamos de administração de cargos e salários (remuneração). O primeiro deles é a atração de profissionais: as pessoas se sentirão atraídas por uma empresa e desejarão trabalhar nela se perceberem as vantagens que ela oferece. O outro é a retenção de talentos: os profissionais se predispõem a permanecer em uma empresa que tem práticas de avaliação de desempenho e reconhecimento e que contribuem para o constante desenvolvimento de suas aptidões.

Todo profissional que ingressa em uma companhia tem como objetivo crescer assumindo cargos e responsabilidades e desenvolver-se – ter novos conhecimentos, habilidades e atitudes. Obviamente, ele quer conhecer o contexto em que está se inserindo para vislumbrar um horizonte, saber sobre suas reais condições naquele ambiente, compreender exatamente o que fazer e como estruturar seu comportamento e suas ações para alcançar seus objetivos. É necessário que a empresa acompanhe de perto essa evolução. Para isso, há ferramentas como o coaching e o *mentoring*, por meio das quais os funcionários fortificam seus pontos positivos e contribuem cada vez mais para o sucesso da organização, como vimos no capítulo 3.

Embora haja inúmeras formas de as empresas terem vantagem competitiva, o subsistema de GP denominado cargos e salários (C&S) tem se apresentado como um dos mais efetivos e estratégicos, por atuar principalmente sobre o problema da rotatividade (muito comum nas organizações), levando em consideração todo o investimento feito em determinado colaborador (por exemplo, remuneração, cursos fora do país, incentivos estudantis).

Esse subsistema torna o profissional de gestão de pessoas menos operacional e mais estratégico. Faz parte das atribuições dos profissionais de GP alocados no subsistema de C&S encontrar soluções para manter um profissional na empresa e valorizá-lo. Isso passa inevitavelmente por uma política consistente de cargos e salários. Ainda que seja essencial, esse subsistema de GP não é muito valorizado nas organizações, o que contribui para a persistência de incoerências e injustiças na remuneração dos funcionários. Conflitos de interesses se tornam comuns e podem acabar atrapalhando o desenvolvimento das pessoas e a própria evolução da empresa, que não retém seus colaboradores.

Toda empresa precisa ter uma consistente política de retenção de talentos e remuneração, com diretrizes específicas para que os funcionários percebam os caminhos possíveis de carreira, cargos e salários. No entanto, em algumas empresas o estudo para montar essa política (que inclui, obviamente, todos os princípios, estratégias e práticas remuneratórias adotadas) encontra algumas barreiras. O motivo, geralmente, está na dinâmica operacional (no corre-corre do dia a dia), que requer da organização grande investimento na atividade-fim, compra de equipamentos e materiais, contratação de serviços de empresas terceirizadas, fazendo com que as ações de C&S fiquem em segundo plano.

Realizado pela equipe de GP que atua no subsistema de C&S, o estudo para montar uma política de retenção de talentos e remuneração exige não só recursos financeiros e dedicação, mas também um olhar atento ao que acontece com os concorrentes.

A aplicação da política assegura que o que é oferecido pela empresa não é diferente do que é aplicado fora dela. Esse é um dos pontos-chave na atração e retenção de pessoas (para que não migrem para os concorrentes).

Falamos do subsistema de C&S e de sua importância na atração e na retenção da maior riqueza das organizações: o capital humano. Mas, afinal de contas, o que é um cargo? É um conjunto de atividades com responsabilidades específicas que devem ser conhecidas e executadas por aquele que ocupa determinada posição. Ou seja, a pessoa que é contratada para um cargo precisa ter conhecimento das atividades que deverá exercer.

Ao exercer um cargo, recebe-se um salário, uma contraprestação (recompensa) em dinheiro. O salário é recebido pelo empregado em virtude do serviço prestado em determinado período. Assim sendo, se ele realizou as atividades designadas a determinado cargo, é digno de receber o valor correspondente.

E o que são promoções? São ascensões na carreira de membros do corpo funcional de uma empresa. Essa prática é uma forma de valorização das pessoas por parte da empresa. Em vez de abrir processos seletivos para novas contratações, ela opta por realizar promoções, permitindo que funcionários atinjam posições mais altas e tenham responsabilidades maiores. Existem dois tipos de promoção: a vertical e a horizontal. São bem diferentes entre si, mas ambas representam melhoria de condições para quem for contemplado.

Promoção vertical significa a ocupação de cargos mais altos dentro da hierarquia da empresa, o que é conhecido como subir de nível. Há subida de nível quando um colaborador passa de auxiliar para assistente ou de analista júnior para analista pleno. Esse tipo de movimentação não é tão simples, pois há necessidade de avaliar a descrição de cargos para perceber se o colaborador excede as expectativas do cargo atual e preenche minimamente os requisitos de posições superiores. Obviamente, isso é feito depois de se avaliar uma série de critérios que o permitam participar do processo de promoção.

O papel do profissional de RH é munir os gestores de área e os analistas de RH de informações (descrições de cargos, avaliações de desempenho, referências, etc.) para que sejam oferecidas oportunidades de melhoria aos funcionários da empresa.

A promoção horizontal pode resultar na mudança de cargos entre áreas ou em um aumento salarial em função da boa performance em determinado período. Por exemplo, se um colaborador passa de analista contábil para analista fiscal ele mantém o nível, mas há a mudança para um cargo de uma área diferente, e cuja atividade demanda outro tipo de atenção. Empresas que não possuem políticas de cargos e salários bem definidas terão muita dificuldade para realizar esse tipo de movimentação.

Cargos, salários e promoções fazem parte do conceito de remuneração, um conjunto de vantagens que uma pessoa recebe pela prestação de um serviço. No Brasil, a composição básica de remuneração é salário-base, adicionais legais, horas extras e benefícios.

.REMUNERAÇÃO TOTAL.

Para compreender o que é remuneração total, é preciso conhecer os itens que a compõem. A remuneração total é formada por salário direto e indireto, assim como por remuneração variável.

Salário direto é uma contraprestação (uma recompensa) devida e paga pelo empregador ao funcionário pelo trabalho prestado.

Salário indireto são os benefícios (bens ou serviços) oferecidos pela empresa, como automóvel, empréstimo financeiro, assistência médica, previdência privada, pagamento de estacionamento, auxílio-doença, auxílio-farmácia, auxílio-refeição, auxílio-funeral, assistência odontológica, custeio de aluguel de imóvel, título em clube recreativo, custeio de transporte, creche e pagamento de cursos.

Remuneração variável consiste em um conjunto de retribuições complementares ao salário (participação nos lucros e resultados, bônus, premiações), sendo assim uma complementação ao salário direto.

Atente para o fato de que salário é remuneração. Porém, nem sempre remuneração é salário. A remuneração variável deve compreender todos os benefícios previstos em lei e precisa ser suficiente para atender às necessidades do empregado e de seus dependentes legais (familiares).

O critério de atribuição de remuneração variável pode estar atrelado à avaliação de desempenho, que vimos no capítulo 4. A remuneração por resultados e participação acionária são dois exemplos de remuneração variável que estão vinculados ao desempenho.

Plano de cargos e salários

Ainda é grande a quantidade de profissionais que não conhecem as possibilidades de carreira oferecidas pelas organizações em que trabalham. Uma das ferramentas estratégicas da área de GP para tornar esse tema mais transparente é o plano de cargos e salários. Ele interfere diretamente em outros subsistemas de RH como atração e seleção, avaliação de desempenho, capacitação e desenvolvimento. A explicação para isso é bem simples: a implantação de um plano de cargos e salários influencia tanto a empresa quanto o trabalhador.

Várias são as fases que compõem a implementação de um plano de cargos e salários. É uma etapa bem estratégica da política de retenção de pessoas – e, como já dissemos, envolve muitas variáveis externas, exigindo atenção e jogo de cintura do funcionário responsável por essa parte dentro da empresa.

Planejamento e divulgação são fases que antecedem a feitura do plano. Nesse primeiro momento, são estabelecidos os objetivos que a empresa quer alcançar e o número de planos necessários, de acordo com os grupos funcionais (universos) a serem contemplados. Por exemplo, criar um plano de cargos e salários para (o universo de) todos os gerentes ou diretores da empresa, ou criar um plano de cargos e salários para (o universo de) todos os engenheiros, ou apenas para um grupo específico de técnicos. É comum que esse planejamento, feito pelo RH, sofra várias correções por parte dos gestores antes de ser aprovado. Isso se deve ao fato de que os líderes são os que possuem a real dimensão da viabilidade da implantação. Caso seja aprovado, o plano é divulgado na empresa como uma das metas a serem alcançadas em determinado espaço de tempo.

A divulgação é o momento em que todos os funcionários são informados e conscientizados do fato de que será elaborado um plano de cargos e salários (ou que ocorrerá uma readequação dele). Nessa etapa, são comunicados os objetivos para evitar resistências internas durante a coleta de dados.

A execução do planejamento começa com a análise dos cargos. É a fase de levantamento das atribuições, efetuando-se uma comparação entre tarefas e funções. A coleta de dados pode ser feita de três maneiras: observação local, em que o profissional de RH é responsável por observar a atuação do colaborador e anotar suas atividades; questionário (um documento-padrão) sobre o cargo ocupado e as tarefas relacionadas, preenchido pelos próprios funcionários; e entrevistas com funcionários selecionados de cada setor da empresa, para verificar de maneira detalhada sua atuação no cargo ocupado. Essa coleta de dados é essencial para a descrição de cargos, a compilação em um documento do que foi observado e coletado. O ideal é que a descrição de cada cargo seja simples, clara e objetiva, garantindo o bom entendimento por parte do colaborador de todas as suas responsabilidades e atividades.

.REGRAS GERAIS PARA DESCREVER E ESPECIFICAR CARGOS.

Após a adoção e aplicação de um dos métodos descritos anteriormente, é necessário que as informações recolhidas sobre os cargos sejam descritas. Portanto, a descrição e a especificação do cargo deve ser feita de forma organizada, padronizada, natural e objetiva com base nos dados levantados – observação local, questionário e/ou entrevista.

Uma vez realizada a descrição dos cargos, eles devem ser especificados. Especificação é o ato de descrever as dificuldades em cada área, que exigirão esforço de quem estiver ocupando o cargo. Na área mental, a especificação aponta os conhecimentos teóricos ou práticos para exercer determinada função. Na área de responsabilidade, mais voltada para posições de gestão do que técnicas, são especificadas as exigências e a autonomia do cargo. Na área física, especifica-se o impacto corporal da ocupação, ou seja, os esforços físicos que a pessoa que assumir essa posição deverá empreender. Na área de condições de trabalho, especifica-se o ambiente onde são desenvolvidas as atividades do colaborador.

Após realizar a descrição e a especificação de cargos, é preciso nomeá-los. A nomenclatura dos cargos deve retratar o conjunto de atividades que foram consolidadas nas etapas anteriores. É importante que o técnico de RH auxilie analistas e gestores de área apresentando as informações da Classificação Brasileira de Ocupações (CBO) da Secretaria do Emprego e Relações do Trabalho, do Ministério da Economia.

Terminada a titulação dos cargos, dá-se início à etapa de classificação, onde se destacam os níveis operacionais e estratégicos. É a fase em que serão feitas as diferenciações ocupacionais. O resultado é o catálogo de cargos, com todas as informações decorrentes das fases apresentadas.

Depois que os documentos que relatam as atribuições e responsabilidades estão prontos, inicia-se o processo de estabelecer valores, ou seja, determinar o salário para cada cargo, conhecido como avaliação dos cargos. É o momento de determinação do valor relativo de cada cargo, de forma que este seja justificável na estrutura organizacional. Para isso, são utilizados métodos não quantitativos (como o escalonamento e graus predeterminados) e quantitativos (comparação de fatores e por pontos). Elencamos esses métodos somente para que você saiba que eles existem: haverá um momento na sua formação em que você poderá se aprofundar a respeito. Por ora, lembre-se de que para pequenas e médias empresas, o ideal é que seja aplicado o método não quantitativo, em função do número inferior de cargos para avaliação. Com isso, os custos serão bem menores.

Para a definição de um plano de cargos e salários consistente, também é fundamental fazer uma pesquisa salarial, um levantamento de mercado acerca dos valores que são praticados em empresas do mesmo segmento e da região do entorno. Ou seja, se o cargo é de analista de remuneração de uma organização de construção civil do interior de determinado estado, ele deverá entrar em contato com as empresas de construção civil dessa área para equiparar valores e identificar um padrão. Em resumo, essa fase nivela o salário de uma empresa ao que é praticado no mercado, para padronizar a remuneração e evitar desigualdades ou discrepâncias.

Nessa etapa, o analista costuma ser bastante criativo. Para pescar essas informações, pode organizar um evento de maior magnitude para que sejam especificados os reais objetivos de se compilar informações tão importantes.

Realizada a pesquisa, parte-se para a estrutura salarial da organização: tendo como base o que é praticado internamente e o que é praticado nas outras empresas, chega-se a uma média de valores. É um equilíbrio para atender à demanda da empresa, organizar a estrutura matricial de comportamento de remuneração e consolidar a competitividade entre as companhias (ou seja, se todas elas aderirem ao mesmo modelo, não estarão propensas a perder seus funcionários para concorrentes). Nesse momento é estabelecida, também, a progressão salarial, considerando a crescente valorização dos cargos.

Em seguida, há o momento de consolidar os critérios utilizados para aumentos de salários e promoções (verticais e horizontais) e formatar a política salarial. Esse processo, quando bem desenhado, faz com que o colaborador se sinta mais motivado (porque compreende os requisitos para receber promoções e ganhar mais dinheiro e responsabilidades) e, assim, busque as melhorias necessárias para conquistar novas posições na organização.

A próxima e última fase é a formatação da política de remuneração: nesse momento é desenhado o plano de remuneração total, constituído por salários (remuneração básica), pela remuneração variável e pelos benefícios que completarão o pacote de remuneração.

Como futuro profissional de RH, você deve saber que a ação de comunicação que acontece depois de todas essas fases é bastante delicada, tendo em vista as informações de cada funcionário serem sigilosas. No entanto, uma vez criado o plano, ele deve ter ampla divulgação, pois os funcionários precisam ser muito bem informados a respeito. A falta de informações, ou as informações passadas de forma errada, podem resultar em problemas como a desmotivação de alguns colaboradores, a insatisfação geral e até pedidos de demissão. Esse não é e nem deve ser o objetivo de um plano dessa natureza. Ele deve estimular o crescimento e gerar motivação e confiança dos funcionários. O ideal é que, com essa ferramenta, a empresa consiga diminuir o número de desligamentos por iniciativa própria.

. ATIVIDADES .

1. Em dupla, monte o perfil do cargo de um técnico de RH.

2. O que significa carreira hoje? Quais são as diferenças em relação à carreira no passado?

3. Como futuro profissional de RH, vale a pena, desde já, pensar no seu plano de carreira. Aproveite as informações deste capítulo para montar um documento dessa natureza. Leve em consideração os seguintes pontos, essenciais a todo plano de carreira:

    - Autoconhecimento.
    - Conhecimento do mercado.
    - Objetivos de carreira.
    - Estratégia de implementação.
    - Plano de ação para implementação.

4. Em grupo, discuta: o que você pode fazer para manter a sua empregabilidade?

6 GESTÃO DA MUDANÇA ORGANIZACIONAL

A palavra mudança, antes mesmo de integrar o mundo organizacional, faz parte do nosso cotidiano – de todo o ciclo de vida do ser humano. Mudamos fisicamente e metabolicamente, da infância à velhice. Toda a nossa parte bioquímica se adapta e muda diante de corpos estranhos como vírus e bactérias, por exemplo.

Também mudamos de comportamento o tempo todo: podemos chorar e fazer pirraças quando somos crianças – mas, no mundo adulto, percebemos que esse tipo de atitude é negativo, contraproducente, inadequado. Mudamos de roupa, de atitudes, de convicções e pensamentos continuamente, para sobrevivermos e nos adaptarmos a novas realidades. Se a mudança é realmente a única constante na vida, quanto mais cedo nos acostumarmos a ela – em outras palavras, o quanto antes a abraçarmos como a grande tônica de nossa existência – mais chance de sucesso teremos, em todas as dimensões.

Se mudar a si próprio é difícil, imagine a complexidade de transformar alguns aspectos de uma organização com dezenas, centenas ou milhares de pessoas. Calcule o desafio de fazer com que uma empresa pública ou privada mude de direção, reinvente a si mesma tendo um objetivo muito bem definido e leve todos os seus funcionários a rever suas atitudes, adotar novos comportamentos e alterar modos de trabalhar. Uma mudança organizacional exige planejamento minucioso, um enorme dispêndio de energia intelectual e emocional por parte de quem propõe a mudança (e do corpo de funcionários também), investimento de tempo e de dinheiro, além da capacidade de administrar várias resistências e conflitos que certamente surgirão no meio do caminho.

Vamos começar pelo conceito de mudança? Para que você, futuro profissional de RH, tenha uma visão ampla do que acontece nesse processo de movimentação organizacional, apresentamos três definições que se complementam e revelam características do processo de mudança.

Para Fischer (2002), a mudança é um processo de transformação contínua, de larga escala, abrangente, profundo e multidimensional. Perceba que, aqui, temos um dos primeiros elementos da mudança organizacional: nela há o envolvimento da organização como um todo, em várias dimensões.

Para Araújo (*apud* SALES, 2012, p. 29-30), a mudança é:

> qualquer alteração significativa, articulada, planejada e operacionalizada por pessoal interno ou externo à organização, que tenha apoio e supervisão da administração superior, e atinge integradamente os componentes de cunho comportamental, estrutural, tecnológico e estratégico.

Nas palavras de Araújo, detectamos outro elemento – ou melhor, um pré-requisito – fundamental para o processo de mudança: o pleno envolvimento da alta cúpula. Trocando em miúdos, se o alto escalão da empresa não desejar genuína e intensamente a mudança, ela simplesmente não acontece – está fadada ao fracasso.

Atente também para outra expressão de destaque: alteração significativa. Pense como seria hoje a sua rotina se todo o sistema operacional de sua empresa mudasse do Windows para o Linux: qual seria o impacto dessa mudança sobre o seu emocional? Em um primeiro momento, ela causaria ansiedade e até medo? Que desafios haveria no ambiente de trabalho? O quanto ela demandaria de disposição, abertura ao novo, paciência consigo mesmo e com os outros – que estão no mesmo barco, em um novo processo de aprendizagem? Suas relações com os colegas seriam modificadas de alguma forma? Quantos departamentos seriam impactados e teriam seus processos reestruturados? Ousamos responder: todos! Essa é a mensagem final de Araújo: a mudança atinge integradamente os componentes comportamentais, estruturais, tecnológicos e estratégicos. Grove (*apud* SILVERSTEIN, 2011, p. 137), fundador da Intel, disse isso com outras palavras bem simples, mas impactantes: "Uma corporação é um organismo vivo; é necessário continuar mudando de pele. Os métodos têm de se alterar. O foco precisa ser modificado. Os valores também. O somatório total dessas mudanças é a transformação".

Finalmente, de acordo com Wood Junior (2009), uma mudança pode ser classificada de acordo com a sua natureza. Assim, as mudanças são relacionadas a:

- **Cultura organizacional (adoção de valores, crenças, estilos de gestão, atitudes).**
- **Tecnologias, processos de trabalho, formas de produzir.**
- **Estrutura (organograma, funções e tarefas).**
- **Estratégias da empresa (seu foco de negócio, seu público-alvo, produtos e serviços).**
- **Recursos humanos (pessoas, políticas da área de gestão de pessoas, etc.).**

Ainda de acordo com Wood Junior (2009), uma empresa pode ser reativa ou voluntária; no primeiro caso, ela só muda porque precisa se adequar a circunstâncias externas, como o surgimento de concorrentes fortes em seu setor; no segundo, muda porque quer (por isso a palavra "voluntária"), com base em uma visão de futuro que possui.

Segundo o consultor em projetos e professor Álvaro Camargo,[1] "qualquer que seja o tipo de mudança organizacional, uma coisa é certa: um projeto de mudança é diferente de qualquer outro em uma organização porque impacta, significativamente, a vida das pessoas que nela trabalham".

Por que a mudança organizacional é necessária?

Philip Kotler e Kevin Keller (2012) iniciam seu livro *Administração de marketing* com uma frase anônima, porém muito sábia, e que nunca se tornará obsoleta: "Existem três tipos de empresas: as que fazem as coisas acontecerem, as que ficam observando o que acontece e as que ficam se perguntando o que aconteceu".

Em pleno século XXI, que tipo de empresa você acha que sobreviverá? Certamente a primeira. Ou seja, aquela que é governada pela mudança permanente, que não cai na tentação de manter-se na zona de conforto, em um comportamento de estabilidade, apenas observando o cenário nacional e mundial de forma passiva, mas que está atenta de forma proativa às tendências. Hoje, o que mais se diz nos meios empresariais é que temos que fazer do passado um prefácio para o futuro.

Olhando para o mundo, podemos enumerar seis forças de mudanças que afetam a vida das empresas e as levam à necessidade de movimento ou evolução interna permanente (Wilson *et al.*, 1995). São elas:

▎ **O reconhecimento da explosão do conhecimento:** se, como vimos no capítulo 1, na Era Industrial a tônica era produzir a maior quantidade de itens no menor espaço de tempo, hoje

---
1 Depoimento concedido à autora por telefone, em 30 de maio de 2016.

a realidade é outra. Desde os anos 1990, entramos na Era do Conhecimento, com a revolução da tecnologia, e de lá para cá virou lugar-comum dizer que o conhecimento tornou-se a real fonte de vantagem competitiva. E o que é o conhecimento de uma empresa?

É o que ela faz com a informação que está acessível a todos: uma empresa gera conhecimento quando cria produtos e serviços diferenciados, com valor reconhecido pelos clientes, com base nas informações disponíveis no mundo. Ou seja: é o uso inteligente e criativo da informação que faz toda a diferença. Drucker (*apud* SILVERSTEIN, 2011), considerado o pai da administração moderna, alerta que, ao contrário do século passado, a inovação atual será cada vez mais baseada no conhecimento, seja ele de qualquer natureza, não apenas científico.

▌**A velocidade em transformar ideias em produtos comercializáveis:** essa mudança é quase uma consequência da anterior. Se informações e saberes circulam continuamente na Era do Conhecimento, se produtos e serviços nascem diariamente, isso significa que a organização deve, para sair na frente na resposta às necessidades das pessoas, se reinventar permanentemente – seja adotando uma nova tecnologia de produção, seja operando por meio de novos processos, ou remodelando inteiramente seu modelo de negócios. É o caso da empresa Havaianas, que transformou seu principal produto, a sandália de tiras, em um artigo de moda.

▌**A melhoria contínua:** você acredita que o serviço de uma empresa aérea pode ser melhorado de alguma forma, por mais eficiente que seja? Certamente. Também esperamos do novo modelo de smartphone uma performance melhor do que a da versão anterior. Como consumidores, estamos cada vez mais exigentes, aguardando novidades, e vivemos com a crença de que elas serão sempre qualitativamente superiores.

Quais os efeitos desse comportamento para as empresas? Seus líderes devem adotar uma postura de abertura e dar valor às ideias dos funcionários. As empresas necessitam se transformar culturalmente, abraçando a convicção de que todos os empregados estão aptos a sugerir novos produtos e serviços, além de melhorias nos já existentes. Segundo Silverstein (2011), os japoneses têm uma filosofia chamada *kaisen*, que significa "melhora contínua". A noção de que as mudanças são necessárias para a evolução individual foi uma das razões que levaram ao sucesso dessa nação. A qualidade, nesse contexto, deixa de ser uma responsabilidade do setor de Qualidade para se tornar uma atividade de todos.

▍**A personalização:** no início do século XX, a Ford podia se dar ao luxo de oferecer apenas uma opção de cor para seu modelo de carro Ford T, o preto. As pessoas tinham que se contentar com isso. Hoje vivemos uma realidade totalmente diferente: a da personalização, da customização de produtos e serviços. Algumas empresas seguem à risca o lema do consumidor: "minhas expectativas devem ser contempladas, ou vou para a concorrência". É o caso da indústria automobilística, que customiza modelos de carros de acordo com as preferências de quem vai adquiri-los.

▍**Corrida por menores custos:** até pouco tempo atrás, as empresas precificavam (ou seja, atribuíam valor de venda) seus produtos e serviços pelo custo. Precificar hoje se tornou algo bem mais complexo. Isso porque o parâmetro de precificação passou do custo de produção para a disposição do cliente em pagar por algo. O cliente precisa enxergar valor. Como há uma enorme quantidade de produtos semelhantes no mercado, o poder de barganha do consumidor aumentou tanto que as margens de lucro das organizações estão cada vez mais estreitas. Existe, de fato, em todos os setores, uma guerra de preços, que leva as empresas a trabalharem de modo muito enxuto (dispensando grande parte de seu pessoal), buscarem ferozmente maiores prazos com seus fornecedores e manterem estoques baixos.

▍ **Alterações na força de trabalho:** como funcionários, somos diferentes do que costumávamos ser. Não aceitamos mais – ou engolimos com dificuldade – uma postura autoritária e fechada das empresas. Queremos que nossas vozes e ideias sejam ouvidas, queremos nos sentir participantes do sucesso organizacional (sentimento de pertencimento) e desejamos mais integração e desafios (encarados, em sua maioria, como oportunidades de desenvolvimento). A geração Y é um exemplo muito contundente desse novo posicionamento do colaborador na empresa: jovens ficam pouco tempo em uma organização em que não se sintam desafiados e onde suas capacidades, abordagens intelectuais e criativas e suas iniciativas não sejam bem-vindas. Eles simplesmente se sentem estagnados e passam a procurar uma nova colocação no mercado. Conclusão: se a organização não mudar para esse tipo de cultura, sua morte será mais rápida.

Diante dessas seis forças, mudar é preciso neste mundo dinâmico, caótico, impreciso e recheado de variáveis. O objetivo das mudanças organizacionais é manter condições sustentáveis de competitividade, ajustando e lapidando a organização a fim de perenizar o negócio. Sem mudanças, as empresas não têm futuro, completa Camargo (2012).

Por que as mudanças são difíceis?

Em uma empresa familiar fictícia denominada Turbinon, há 20 anos as pessoas são promovidas e recompensadas por um referencial ou valor cultural: o tempo de casa. Em determinado momento, os fundadores decidem profissionalizar a gestão, e começam a ponderar se tempo de casa é, de fato, o melhor critério para fazer com que as pessoas subam na hierarquia e sejam recompensadas.

Após uma análise interna da produtividade e lucratividade da empresa, de um futuro promissor para os seus filhos (sucessores), os fundadores, apoiados por consultores externos, chegam a uma conclusão: o desempenho de cada funcionário (o quanto, e a qualidade com que ele produz) é que deve ser o valor norteador a ser abraçado pela organização no processo de reconhecimento, aumento de salários, promoções, aferição de bônus, etc. Estamos diante da mudança mais complexa de todas: a mudança da cultura de uma empresa.

O que você acha que vai passar pela cabeça e pelo coração dos funcionários que trabalham na empresa desde sua fundação caso alguém que tenha pouco tempo de casa seja promovido? Alguns vão dizer: "Isso é injusto! Trabalho aqui há anos!"; "Ai, meu Deus! Agora vou ter que mostrar trabalho!"; "Acabou a mamata!"; "Os fundadores enlouqueceram, não dão valor à prata da casa, a quem construiu isso aqui". Os mais novos, no entanto, talvez pensem: "Finalmente esta empresa vai ser guiada pelo mérito, e não por um critério tão antiquado"; "Agora sim eu acredito que conseguirei um bônus maior do que o do sr. Carlos, que está aqui há 10 anos".

Pela situação anterior, vemos que as mudanças organizacionais são difíceis de serem implantadas porque mexem com toda a sorte de sentimentos. Elas suscitam emoções como medo, raiva, entusiasmo, euforia, receio de não sobreviver às novas regras e de perder o emprego. Não à toa, Nicolau Maquiavel (*apud* MOURA, 1995, p. 26) afirmou: "nada é mais difícil de ter em mãos, mais perigoso de conduzir, ou mais incerto no seu sucesso do que tomar a liderança na introdução de uma nova ordem de coisas".

Mudanças organizacionais ameaçam nossa zona de conforto (aquilo que é confortável ou conhecido para nós), nossas concepções, crenças e valores cristalizados ao longo do tempo, nossos paradigmas. Alguns autores dizem que as mudanças organizacionais são processos complexos porque tocam no modelo mental do indivíduo, em sua forma de encarar e ler o mundo, em sua percepção das coisas.

Uma crença como "homem de verdade não chora" pode fazer parte da visão de mundo de uma pessoa. Outros, porém, podem acreditar que "chorar não é sinal de fraqueza" e que, portanto, todo homem tem direito de chorar, tal como uma mulher. Veja como nossas crenças podem ser limitadoras ou libertadoras – tanto para uma pessoa quanto para uma empresa. Elas têm o poder de destruir ou de criar. Imagine se o presidente de uma organização e sua equipe mais próxima cultivam as seguintes crenças: "Só nós sabemos pensar: eles só devem executar"; "As pessoas só funcionam na base do chicote"; "Eu? Visitar e conversar com um funcionário de chão de fábrica? O que ele vai trazer de novo à empresa?"; "Vamos enfiar essas metas goela abaixo"; "Infelizmente, a criatividade está apenas em nós"; "Não vejo nenhuma vantagem no trabalho em equipe"; "Isso é utopia".

O que essas frases ou pensamentos dizem sobre os indivíduos da alta cúpula da empresa? Elas, certamente, detonam as possibilidades de mudança organizacional. São recheadas de rótulos, preconceitos, premissas negativas e falta de esperança.

Agora, imagine se os funcionários não acreditarem nas possibilidades de mudança na empresa onde trabalham e cultivarem as seguintes crenças: "Aqui as coisas funcionam assim"; "Com o tempo você se acostuma"; "Cuidado, aqui é diferente"; "Vai se estressar pra quê? Faça só o seu trabalho e dane-se o resto! Aqui não adianta sonhar"; "Pode ser viável em outras empresas"; "Não estão considerando o nosso histórico"; "Mais uma vez... Um dia cansam"; "Talvez estejam arrumando a casa para vendê-la".

Perceba como podem existir entraves mentais tanto da parte do líder quanto dos liderados, que impedem o início e o sucesso de uma mudança. Se a mudança organizacional gera insegurança, acaba desestabilizando a rotina com a qual as pessoas estão acostumadas e desequilibra internamente os funcionários, porque mexe com suas emoções (positivas e negativas). Assim, torna-se um processo com grande probabilidade de fracasso, devido às resistências e conflitos que surgem na organização. Afinal, uma mudança vira o *status quo* de cabeça para baixo, de uma hora para outra. Então, quem tem a possibilidade de torná-la positiva, de imprimir nela algum propósito, de dar um sentido a ela? O líder da empresa. É ele que exerce grande influência na forma como as mudanças são encaradas: sua convicção de que a transformação é o melhor caminho para a empresa deve ser, simplesmente, contagiante.

Retomando o que dissemos anteriormente, a primeira pessoa a se convencer da necessidade de uma mudança e a desejá-la fortemente deve ser o número 1 da empresa. Só um líder visionário – mas, sobretudo, convicto, apaixonado – é capaz de fazer com que os liderados comprem o novo horizonte que a empresa propõe, a visão de futuro em que o líder acredita, ainda que o caminho para ela seja árduo. "Líderes não dão a falsa impressão de que será fácil. Transmitem, sim, o sentimento de que será um desafio para todos, mas também afirmam que trabalhando em equipe será possível superá-lo" (SILVERSTEIN, 2011, p. 141-142).

.ESTUDO DE CASO.

Visão de futuro de Jack Welch

Jack Welch é o exemplo de um líder com brilho nos olhos. Ele presidiu a General Electric (GE) por 20 anos e gerou uma revolução nas crenças e valores da empresa, ao dar vida a novas práticas e engajar as pessoas.

Quando assumiu a presidência da GE, em 1981, Welch encontrou uma empresa burocratizada e voltada para o seu interior. Ele então sinalizou os esforços iniciais para a renovação da cultura organizacional da companhia em um programa de dez anos de inovações, que foi considerado um dos mais agressivos da história empresarial. O líder começou queimando os *Blue Books* – o guia de treinamento gerencial da empresa. Os tradicionais programas de treinamento focalizavam apenas análises e habilidades. Trabalhando em conjunto com o diretor de treinamento e com a Universidade de Michigan, Welch impôs a abordagem de aprendizagem por ação (*action learning*): em equipe, os 3.500 executivos da companhia deveriam resolver problemas de negócios identificados pelos dirigentes da companhia.

Problemas como o mercado financeiro da Índia e como competir com concorrentes como Electrolux, Toshiba ou Asea Brown Boveri passaram a ser ventilados nos novos programas de desenvolvimento de pessoal. No final de cada mês, as equipes faziam uma apresentação das soluções a Welch e à diretoria.

Este case mostra uma completa mudança de perspectiva de aprendizagem (capacitação e desenvolvimento de pessoas) na GE: elas não seriam mais formadas em salas de aula, mas sim no contato com a realidade, para resolver em campo problemas e desafios práticos da empresa. Qual foi a mensagem que Jack Welch transmitiu por meio de um gesto forte? Que ele era o primeiro a querer e a acreditar na mudança. E foi assim que esse executivo conseguiu realizar por 20 anos uma verdadeira revolução em sua companhia.

Fonte: Chiavenato (2004).

É o entusiasmo pela mudança e a crença do líder nos benefícios futuros – na maioria das vezes, não enxergados pelos funcionários – que passam a mudança da esfera do impossível para a do possível. Ele, enfim, faz o gerenciamento do sentido da mudança, por meio do compartilhamento de uma visão, conferindo valor à turbulência e ao sofrimento organizacional. É necessário perseverança por parte do líder, e não esperar grandes resultados a curto prazo, ainda mais se a mudança for na cultura da empresa.

Warren Bennis (2010) postula alguns papéis do líder, que consideramos especialmente importantes na trajetória de uma mudança organizacional:

- **Gerenciamento da atenção:** capacidade de mobilizar as pessoas para um sonho, um conjunto de propósitos e um programa claro de ação.
- **Gerenciamento do significado:** o objetivo do líder é criar um significado para a mudança e não simplesmente explicá-la. Quando um significado é criado, os colaboradores veem sentido nos esforços de todos.
- **Gerenciamento da confiança:** as pessoas preferem seguir aqueles em quem podem confiar, que demonstram coerência entre discurso e prática. O líder deve ser a mudança que ele quer ver na empresa. Note que, se a liderança for do tipo "aqui manda quem pode, obedece quem tem juízo", já temos um componente forte para o fracasso no processo de mudança na organização.

Depois de analisar as dificuldades de mudar e a importância do líder para fazer as coisas acontecerem, passemos às principais etapas do processo de mudança.

O gerenciamento do processo

Poucas são as empresas que planejam as mudanças. Muitas as tratam de forma acidental, não se preparam para elas, improvisando toda a sua trajetória – o que é péssimo para a credibilidade da organização e para o sucesso da empreitada.

As mudanças devem ser intencionais e orientadas para resultados.

Assim como deve existir a administração ou gestão da transformação de uma casa quando ela está em obras (passando por um processo longo de reforma), também deve existir o gerenciamento de mudanças nas empresas: processos, ferramentas e técnicas para administrar várias nuances e aspectos presentes em um processo de transformação, a fim de que o estado desejado (ED) seja atingido da forma mais harmônica e eficaz possível.

O principal objetivo do gerenciamento de mudanças é equilibrar dois aspectos – os técnicos e os humanos – visando minimizar as resistências e obter uma transformação completa e em menos tempo. Os aspectos técnicos incluem conhecimento da empresa, dos processos e das funções das pessoas, entre outros; os humanos abrangem comprometimento das lideranças, engajamento dos funcionários, comunicação permanente e transparente, etc.

De modo geral, considerando os estudos de vários autores, a metodologia de condução da mudança organizacional possui quatro fases:

- Planejamento da gestão da mudança.
- Sensibilização para a mudança.
- Implementação da mudança.
- Estabilização/manutenção da mudança.

Como a transformação é um processo e não uma sucessão de mudanças sequenciadas, essas quatro etapas podem tanto se sobrepor quanto acontecer simultaneamente, não sendo estáticas nem continuadas.

Mas onde entra a área de GP nesse processo de transformação organizacional – seja ela em sua dimensão cultural, seja tecnológica, processual, etc.? Onde entra o seu trabalho, como profissional de RH? Como integrante da área de GP, um dos seus desafios será dar suporte aos agentes de mudança (líderes e gestores de áreas), bem como aos funcionários.

O RH deve participar intensamente do processo de mudança, desde a fase de planejamento até a estabilização.

Importante: veja que usamos a expressão "participar intensamente"; o RH não é – e nem pode querer ser – o dono do processo de mudança, pois são as lideranças que devem se apropriar dele. "O profissional de RH é o catalisador, o facilitador [...] mas não deve tomar para si o papel de principal patrocinador da mudança. Esse cabe à direção da empresa, com suporte de todos os líderes" (PASCHINI, 2006, p. 151).

Planejamento

A primeira fase – a de planejamento – só pode ocorrer depois de um acontecimento fundamental para o sucesso do processo: a decisão, por parte da cúpula organizacional, em bancar a mudança. Assim como só conseguimos emagrecer se decidirmos tomar as atitudes necessárias para isso, uma empresa só consegue realizar com sucesso uma mudança se estiver absolutamente convencida de sua necessidade, desejando-a intensamente. Situações de fusão/aquisição de empresas, surgimento de outros *players* (concorrentes) no mercado, início de um processo sucessório ou a simples entrada de um líder – como foi o caso de Jack Welch na GE – podem alavancar o desejo de uma mudança organizacional.

Vale frisar que se o número 1 da organização não comprar a mudança, não desejá-la e não acreditar integralmente nela, suas chances de sucesso serão mínimas. O projeto de mudança começará com os dias contados. Assim, uma boa equipe – uma verdadeira coalizão – deve ser montada ao redor desse líder que vislumbra a real necessidade de transformação em sua organização.

A coalizão a que nos referimos consiste na formação, nesta fase, de grupos de mobilização compostos por membros da empresa que serão os principais responsáveis pela implementação e pelo acompanhamento, monitoramento e controle de toda a mudança. Como afirma Camargo (2012, p. 462), "a equipe que executa a mudança organizacional necessita ser constituída por representantes de todos os que são afetados. Sem isso não haverá legitimidade. A coalizão não será poderosa o suficiente para enfrentar as dificuldades da mudança".

São os altos gestores, geralmente, que escolhem as pessoas, ou agentes da mudança, que vão compor a coalizão. É esse grupo de pessoas que fará a gestão e a disseminação da mudança – especialmente por meio da comunicação –, bem como o monitoramento do seu status momento a momento, divulgando progressos e resultados a todos da empresa: cúpula, gerentes, funcionários.

Com a evidente necessidade e desejo de mudança, um segundo elemento fundamental para o seu sucesso é a realização de um diagnóstico organizacional. É com base nesse diagnóstico – que pode ser feito por consultores externos em sinergia com os gestores internos – que são levantados dados e informações sobre o estado atual (EA) e o ED da organização. Sobre o EA, são mapeadas as seguintes questões:

- Que valores cultivamos hoje?
- Quais são as nossas práticas e processos atuais?
- O que impulsiona e o que restringe a gestão eficiente e eficaz da nossa empresa, em suas dimensões técnicas, operacionais e gerenciais?

É verificando a sujeira debaixo do tapete da empresa que surgem as deficiências e ineficiências, que os problemas são constatados e se estabelece a direção a ser tomada, o caminho de transformação que levará ao ED.

.ESTUDO DE CASO.

A experiência da Turbinon

No caso da fictícia empresa familiar Turbinon, presente há 20 anos no mercado, na fase de planejamento, o **líder deverá tornar claro** para si próprio e para os membros da coalizão os princípios e valores que deseja alavancar e tornar perenes na organização. Para se profissionalizar, desenhar seu novo jeito de ser (ou personalidade) e escrever seu plano de ação de transformação, os donos da Turbinon podem fazer as seguintes perguntas:

- Passaremos a valorizar definitivamente nossos talentos pela meritocracia e não pelo tradicional tempo de casa? Como iremos tornar isso uma realidade?
- Reteremos e desenvolveremos nossos talentos ou continuaremos achando que os melhores sempre vêm de fora? Quais serão nossas políticas e práticas de atração e seleção de pessoas e de desenvolvimento interno dos talentos?
- Se nossa gestão tem sido autocrática e impositiva, optaremos por uma gestão mais participativa? Como isto ocorrerá?
- Se nossa comunicação tem sido fechada (sempre de cima para baixo, com informações centralizadas na cúpula), passaremos agora a estimular uma comunicação aberta, em todas as direções? Que instrumentos usaremos para isso?
- Nossa estrutura é altamente hierárquica, conservadora, com muitos níveis entre a base e o topo. Estamos dispostos a torná-la menos engessada e mais flexível, mais horizontalizada, com uma cultura de trabalho por projetos?
- Se até agora vimos apenas o lado técnico dos funcionários (como apertadores de parafusos), estamos dispostos a passar a acolher suas ideias e opiniões, estimulando a sua criatividade?
- Se focamos até agora apenas no indivíduo em sua dimensão competitiva, optaremos por trabalhar a colaboração com estímulo a equipes de alto desempenho?

Por meio dessas e de outras perguntas, a cúpula da Turbinon poderá ter um raio X da empresa e estabelecer o estado desejado.

Também é desejável aos donos da Turbinon levantar os resultados das pesquisas de clima organizacional aplicadas na empresa. Se realizada com certa frequência, essa pesquisa do termômetro da organização em um dado momento fornece insumos para o mapeamento de insatisfações dos empregados e problemas relacionados a pessoas, operações, processos, etc.

Com esses elementos, a cúpula da Turbinon terá realizado parte de um diagnóstico organizacional, uma base para a mudança que deseja implementar.

Outro componente fundamental do diagnóstico é uma análise de campo de forças (favoráveis e contra a mudança) e um mapeamento de motivos de resistência à transformação organizacional. Veja no quadro a seguir os exemplos:

QUADRO 1 | Análise do campo de força – FONTE: Camargo (2012)

FORÇAS A FAVOR	FORÇAS CONTRA
APOIO DA ADMINISTRAÇÃO SUPERIOR.	ALGUMA RESISTÊNCIA POR PARTE DA GERÊNCIA MÉDIA.
PERDA RECENTE DE TRABALHO PARA EMPRESAS CONTRATADAS.	COMPLACÊNCIA ENTRE AS UNIDADES.
PLANO ESTRATÉGICO.	RECEIO DE PERDER O EMPREGO EM CASO DE AUMENTO DE PRODUTIVIDADE.
	FRACASSO NO ESFORÇO DE PRODUTIVIDADE ANTERIOR.
	OS PLANOS TENDEM A FICAR NA PRATELEIRA.

MOTIVOS DE RESISTÊNCIA	AÇÕES DE REVERSÃO
SENTIMENTO DE PERDA DE CONTROLE DE SUAS VIDAS DEVIDO À INTERVENÇÃO DE AGENTES EXTERNOS.	ENVOLVER AS PESSOAS AFETADAS PELA MUDANÇA.
INCERTEZA SOBRE O IMPACTO PESSOAL DA MUDANÇA.	FORNECER INFORMAÇÕES ADEQUADAS SOBRE A MUDANÇA E A FORMA COMO ELA AFETARÁ CADA UM NA ORGANIZAÇÃO. ESSAS AÇÕES DEVEM INCLUIR AS INFORMAÇÕES BOAS E RUINS. A CERTEZA DE ALGO RUIM É SEMPRE MELHOR DO QUE A INCERTEZA.
PERCEPÇÃO DA MAGNITUDE DA MUDANÇA.	A MUDANÇA DEVE SER ADMINISTRÁVEL PELAS PESSOAS. AS POSSIBILIDADES DE EXPERIMENTAÇÃO DA NOVA REALIDADE OU CONCESSÃO DE MAIS TEMPO PODEM SER ASPECTOS INTERESSANTES A SEREM CONSIDERADOS NO PROJETO.
RECEIO DE SER DESMASCARADO EM FUNÇÃO DE A MUDANÇA PODER MOSTRAR QUE OS MÉTODOS ANTERIORES ERAM RUINS.	OS PROCESSOS ANTIGOS DEVEM SER DISCUTIDOS DE FORMA POSITIVA, SEM CRÍTICAS, PARA QUE NÃO HAJA RESSENTIMENTOS.
PREOCUPAÇÃO A RESPEITO DA COMPETÊNCIA FUTURA.	É NECESSÁRIO PROPORCIONAR TREINAMENTO ADEQUADO PARA OS NOVOS MÉTODOS E OBTER FEEDBACK DO DESEMPENHO DAS PESSOAS TREINADAS.
EFEITO MAROLA, QUE NEM SEMPRE É PERCEPTÍVEL DE IMEDIATO.	TORNE O NOVO PROCESSO IMPLANTADO PELA MUDANÇA ORGANIZACIONAL FLEXÍVEL PARA LIDAR BEM COM ESSE EFEITO E RECOMPENSE AQUELES QUE IDENTIFICAM NOVOS PROBLEMAS E SOLUÇÕES.

Segundo Fischer (2002) é desejável, no diagnóstico, acionar e escutar colaboradores de todos os níveis hierárquicos – não só sobre o que mudar, mas suas ideias de como mudar. É o que chamamos de levantamento de opiniões de formadores de opinião, líderes naturais (pessoas que exercem papel de liderança mas não ocupam cargos de liderança), indivíduos que tenham grande influência sobre os outros, ou seja, pessoas relevantes para a empresa. Assim, faz-se uma fotografia imprescindível para o sucesso da empreitada, mapeando inclusive as possíveis fontes de resistência interna. De acordo com a autora, nesse momento:

> Inicia-se o processo de estabelecimento de compromisso com o corpo diretivo, gerencial e técnico da organização, que participam das atividades de levantamento de dados, elaboração de informações e geração de análises. O objetivo é impedir que o diagnóstico deixe de incorporar a visão e os valores da comunidade organizacional, tendendo a expressar a externalidade da concepção do "dever ser" da organização. (FISCHER, 2002, p. 156)

. DICA .
Quanto mais os colaboradores são envolvidos desde o início no processo – quando a empresa adota uma postura participativa e não impositiva de mudança –, maiores são as chances de sucesso de sua implementação e manutenção. Quando as pessoas se sentem construtoras de um processo, a adesão a ele é muito mais fácil. Elas se veem como coautoras da mudança. Assim, é muito natural que comprem esse desafio, já que conseguem enxergar seus benefícios.

Por fim, todo esse diagnóstico contribui para a concepção de propostas de mudanças e sua disseminação – o desenho do plano de ação. Nesse plano, o caminho da mudança é colocado no papel: modela-se uma metodologia, uma trajetória lógica, as ações são organizadas em um cronograma e são condensados os parâmetros e indicadores de avaliação da velocidade e efetividade da mudança. Em nenhuma hipótese pode faltar o planejamento para efetuar a mudança, com metas de curto, médio e longo prazos. Nesse plano são estabelecidos também marcos intermediários para a mudança: quando atingidos, merecem ser celebrados, para dar um gás extra nos colaboradores para as próximas etapas.

Obviamente, no plano de ação também entra o planejamento de toda a comunicação, elemento-chave de um processo de mudança. A comunicação deve pautar-se por perguntas como: O que desejamos comunicar? Para quem? Como e quando a comunicação será feita? Por quais meios? Como vamos monitorar a efetividade de nossas mensagens?

Não há dúvidas de que completar essa primeira fase de planejamento com calma, e envolvendo muitos atores, é fundamental. Esse roteiro para a mudança, baseado em grande coleta de informações, determinará o sucesso das fases seguintes.

Sensibilização

Nesta segunda etapa, entra em cena a comunicação interna – instrumento que deve ser onipresente em todo o processo de mudança. Por meio dela, os colaboradores devem ser sensibilizados – ter suas mentes e corações literalmente despertados – para a real necessidade da mudança. É necessário que todos entendam claramente o que precisa ser mudado, por que precisa ser mudado e como mudar: que novos comportamentos, habilidades e atitudes são esperados deles. É preciso que cada integrante da empresa entenda os benefícios da mudança – e que isso seja repetido à exaustão, se necessário. Em decorrência dessa sensibilização é que os colaboradores se convencerão da importância da mudança e decidirão, de fato, mudar. Em poucas palavras, a mola mestra desta etapa é criar um sentimento, em todos, da necessidade de mudança.

Segundo Rohm (*apud* VECCHIONI, 2008), ao se introduzir uma mudança devem ser rapidamente compreendidos seus objetivos. Eles devem ser:

- Quantitativos (capazes de ser medidos em valores numéricos).
- Qualitativos (capazes de ser descritos especificamente).

Na sensibilização para a mudança, é essencial que os colaboradores sintam um senso de urgência na mudança por parte da alta cúpula e dos gestores. Do contrário, a real necessidade da mudança torna-se confusa, e a sensibilização (assim como a adesão) é enfraquecida.

Deve ser gerado um ambiente de mudança, e os objetivos quantitativos e qualitativos devem ser disseminados massivamente e capilarmente, por todos os meios de comunicação – dando preferência, obviamente, à comunicação face a face, pois esta é uma fase bem delicada. É a fase da busca pelo engajamento dos colaboradores, tanto com argumentos racionais e objetivos quanto por meio da emoção (sensação de desafio). Fischer (2002) considera a sensibilização "crucial, porque contrapõe as propostas geradas na concepção às necessidades da organização e expectativas dos demais funcionários". Aqui os gestores de RH entram em ação com força total, estimulando, sensibilizando e comunicando.

Nesta fase, podem ser utilizadas várias metodologias e técnicas:

1. **Encontros da cúpula com os gerentes:** nas empresas, os primeiros a serem sensibilizados e engajados pela alta direção devem ser os gerentes. São eles que, em essência, estão na linha de frente das empresas, exercendo um enorme poder de influência sobre seus subordinados e concretizando, com sua equipe, os objetivos da organização. Se esses gerentes não forem os primeiros a entender detalhadamente e a comprar o processo de mudança – ou seja, se apresentarem resistência a ela – certamente influenciarão negativamente os integrantes de seus times, atuando como laranjas podres. Assim, gerentes devem ser os primeiros a ter interlocução com a alta direção, em uma comunicação de mão dupla, para compreenderem plenamente os fatores objetivos que motivaram a decisão de implementação da mudança. Essas são algumas questões que devem ser ampla e detalhadamente discutidas com todos os

gerentes, no caso de uma mudança organizacional cultural (PASCHINI, 2006, p. 83-84):

- Qual é a estratégia atual?
- Como é a cultura organizacional atual? Apresentar dados e fatos.
- Por que e como a cultura vigente está desalinhada da estratégia de negócio?
- Quais são as implicações desse desalinhamento a médio e longo prazos?
- Como é a cultura desejada? Quais as diferenças em relação à cultura vigente?
- Por que a cultura desejada dará maior sustentação à estratégia?
- Como será feita a mudança?
- Quanto tempo levará o processo?
- Como a mudança afetará as pessoas?
- Quais as consequências para aqueles que não aceitarem a mudança?
- Como serão medidos os resultados da mudança?

2. **Grande evento de sensibilização para uma nova visão:** geralmente, um encontro entre o líder da empresa (presidente, também conhecido pela sigla CEO, do inglês *chief executive officer*) e os funcionários é o ritual que marca publicamente o começo do processo de mudança para toda a organização. A iniciativa é muito importante para demonstrar como o alto escalão deseja mais do que uma ideia de mudança: quer torná-la uma realidade empresarial. Pode ser um café da manhã, um encontro de um dia inteiro num hotel-fazenda, etc. – o fundamental é que os colaboradores reconheçam no CEO (e na sua equipe) um líder e não um chefe. Um líder que sabe o que quer; uma pessoa que ouve, delega, dá feedback, reconhece, se compromete, tem integridade, e cujo discurso condiz com a prática.

Nesse evento de sensibilização para uma nova visão, o número 1 (preferencialmente ao lado de seus diretores e gerentes, previamente alinhados) deve transmitir entusiasmo, exaltação, demonstrar que sabe exatamente o que quer, com sinceridade e paixão. Ele precisa assegurar aos funcionários que seus esforços e comprometimento são realmente importantes, de modo que eles se sintam parte da vitória do jogo. As pessoas não devem só ouvir; têm de se sentir estimuladas a fazer perguntas, que serão respondidas com honestidade, respeito e otimismo por parte da cúpula – sem passar a falsa impressão de que o caminho será isento de muitas dificuldades. Todos precisam adquirir uma nova visão da empresa e clareza quanto à sua nova direção. Deve acontecer o fenômeno da identificação, em que os funcionários reconhecem a autoridade de mudança e aceitam os argumentos sobre a razão desse processo.

Geralmente, os presidentes elaboram discursos cuidadosos para esse pontapé inicial e utilizam recursos audiovisuais para envolver os participantes intelectualmente e afetivamente. Além disso, deixam claro que estão disponíveis para a plateia.

3. **Sessões presenciais:** realizadas com pequenos grupos de 15 a 20 colaboradores, de preferência do mesmo nível hierárquico e que atuem no mesmo processo ou em processos vinculados.

Também fazem parte da etapa de sensibilização conversas da equipe de RH com gestores e funcionários, em pequenos grupos. Esses encontros vão reforçar a importância da mudança, conscientizar o colaborador do novo momento que a organização está vivendo, tirar dúvidas sobre impactos nos setores e processos da empresa, estimular a colaboração e a troca de ideias. Isso tudo ajudará a equipe de RH a identificar a predisposição do colaborador em se engajar na mudança.

Mais uma vez, se a mudança tiver uma natureza participativa, inclusiva, em que os colaboradores são ouvidos e respeitados, ela tem mais chances de ser bem-sucedida.

Com base em Strebel (1998), Camargo (2012) lista algumas questões que devem ser respondidas aos funcionários nessa fase de sensibilização. Geralmente, esses temas são fonte de angústia e resistência à mudança por parte das pessoas, e exatamente por isso devem ser esclarecidos:

- O que é esperado de mim na organização?
- Que tipo de ajuda eu terei no meu trabalho?
- Como e quando serei avaliado e como será dado o feedback a respeito do meu desempenho?
- Como serei pago e como esse pagamento será relacionado com minha avaliação de desempenho?
- Quão arduamente terei de trabalhar?
- Que tipo de reconhecimento, de recompensa financeira ou outra satisfação pessoal eu terei pelos meus esforços?
- As recompensas são válidas?
- Será que meus valores são similares aos dos demais na empresa?
- Quais são as regras reais que determinam quem obtém o quê?

Além dessas perguntas, também as citadas no item 1 devem ser trabalhadas entre os demais níveis hierárquicos. Esse tipo de comunicação aberta, transparente, gera oportunidade e condições para que o colaborador se engaje no processo de mudança buscando uma nova postura na organização. Se pessoas se sentirem respeitadas em suas dúvidas, inseguranças e medos, abre-se a possibilidade de elas "baixarem a guarda" e se abrirem ao novo.

4. **Comunicações para a sensibilização racional e emocional pelos mais diversos meios:** eventos, workshops, murais espalhados pela empresa em lugares estratégicos, newsletters, jornal ou revista corporativa (denominados *house organs*), videoconferências, comunicações na intranet. Quanto maior for a diversidade de meios de comunicação utilizada no processo de mudança, mais a mensagem de sua necessidade será reforçada entre os funcionários.

A empresa deve continuar localizando em seu corpo de funcionários os líderes naturais, os formadores de opinião, os influenciadores. Eles são fundamentais para reforçar a importância da mudança ao maior número possível de colegas e mostrar como os aspectos positivos superam os negativos, gerando massa crítica. Além disso, atuam na minimização das resistências à mudança e funcionam como multiplicadores aliados da cúpula, estimulando a mudança em toda a organização. Assim, o processo ganha capilaridade.

Senge (2006) retrata o movimento que a etapa de sensibilização deve imprimir no colaborador, que está no meio da tensão entre dois polos: o da crença na sua impotência e demérito (ou ainda, apego à zona de conforto e medo do desconhecido) e o de uma nova visão empresarial e pessoal. Para o autor, ele deve escolher por caminhar em direção a uma nova empresa, ainda que seus paradigmas e modelos mentais sejam desafios que lhe desfavoreçam e que devem ser superados.

Implantação

Realizada a sensibilização, é chegada a hora de implantar a mudança. Nesta fase, busca-se um clima organizacional positivo, e as pessoas são ainda mais estimuladas à participação. Os canais de comunicação da empresa devem se abrir ainda mais – e, de fato, se abrem – porque estamos na hora da verdade. O grupo de mobilização se amplia, tornando-se mais respeitado e com maior poder de influência. Os líderes procuram elevar a autoestima das pessoas, mostrar o que está certo e o que está errado em termos de comportamento dentro da nova filosofia buscada (ou dos novos processos ou tecnologias) e dão feedback constante quanto a dúvidas e inseguranças dos colaboradores – que, certamente, ainda se fazem presentes.

Nessa fase, as pessoas são efetivamente testadas: no cotidiano de suas tarefas e atividades, elas vivem mudanças, rupturas e novas formas de comportamento desejadas pela empresa. Os líderes realizam planos setoriais ou departamentais; ocorrem reuniões intergrupais para compartilhamento de práticas e processos; projetos multidisciplinares são alavancados; desafios com metas grupais e individuais são colocados à mesa, com avaliação de desempenho; e treinamentos e capacitações de pessoas para desenvolvimento de competências técnicas e comportamentais acontecem com frequência, no intuito de formá-las para uma nova empresa. Com o avanço do processo, a tendência é o aumento desse ritmo de atividades, levando a intenso volume de trabalho para os membros do grupo de mobilização. Eles têm de acompanhar processos, monitorar metas e desempenho, além de observar os indicadores de resultados das ações implantadas.

Aqui, colaboradores que se identificam com a mudança tornam-se seus defensores ou semeadores (multiplicadores naturais). Por outro lado, aqueles que não se identificam (ou são contra) espalham fofocas e opiniões negativas, acabando por se retirar voluntariamente da organização ou sendo demitidos. Os comportamentos alinhados com a mudança são encorajados por meio de elogios constantes, bonificações, promoção de função, foto de funcionário do mês no quadro da empresa ou homenagem pública na festa de fim de ano, concedidas a pessoas que se esmeraram em fazer uma nova empresa acontecer.

Para manter o senso de urgência da mudança, gestores e multiplicadores têm de ter respaldo político para tomar decisões rápidas e implantá-las, agilizando processos. Os grupos são fortalecidos para garantir que as tarefas sejam realizadas, aumentando o networking (a rede de relacionamentos) das pessoas e das áreas no processo de transformação. Nesta etapa, deve-se ter o cuidado de perceber a sobrecarga de alguns membros, sendo necessário redistribuir funções e aumentar ou recompor os grupos.

Segundo Rohm (*apud* VECCHIONI, 2008), é aqui que:

ocorre o fenômeno da internalização, no qual os indivíduos traduzem os princípios gerais defendidos pelos agentes de mudança em metas pessoais. Essa incorporação dos princípios pelos colaboradores se dá por intermédio de adaptação e experimentação ou improvisação. O processo de internalização de novas metas é geralmente bastante difícil. É por isso que o elo gestor/colaborador deve ser fortalecido através da plena confiança, com feedback constante e adequado. Ambos devem fazer acontecer os novos planos e metas da área a que pertencem, assim como as metas individuais pactuadas, com o elogio às vitórias e a premiação de comportamentos comprometidos com a mudança.

Cabe ao líder cultivar permanentemente uma atmosfera favorável ao espírito de mudança em toda a organização, nas mais diferentes dimensões. Os marcos intermediários estabelecidos para a mudança (previstos no planejamento) são celebrados quando atingidos, de modo a fazer com que os funcionários percebam que sua determinação e seus esforços estão de fato gerando resultados rumo ao sucesso.

Manutenção/estabilização

A manutenção e estabilização da mudança consiste na sua internalização contínua pelos indivíduos, ou seja, na perenidade das novas configurações organizacionais. É quando valores, princípios, práticas, processos e/ou tecnologias estão de fato incorporados. Porém, mais do que isso, quando são reforçados pela organização de maneira continuada, de forma a garantir a manutenção dos novos modos de pensar, de agir e de sentir. Nessa etapa, continua sendo importante o estabelecimento e o cumprimento de metas concretas de transformação, com resultados observáveis, por meio de indicadores de desempenho das pessoas e dos negócios.

Há várias práticas organizacionais que contribuem para a manutenção e a estabilização da mudança. Entre elas, destacamos:

- Continuar a premiar comportamentos desejáveis, convergentes com a cultura organizacional (e monitorar os desviantes). Bônus, participação nos lucros e resultados, participação acionária, promoções devem ser conferidos a funcionários que espelham os valores e comportamentos dessa nova empresa transformada, ou seja, empregados que refletem o espírito da mudança organizacional.
- Atrair, selecionar e reter talentos que compactuam com a nova configuração organizacional.
- Implementar um programa de ambientação dos novos funcionários (programa de integração), uma imersão de três a cinco dias em que os novos integrantes do corpo funcional passam a conhecer e interagir com missão, visão, valores, propósito, objetivos e metas, políticas e diretrizes de RH, compreendendo o modo de ser da organização.
- Capacitar permanentemente os funcionários.
- Implementar um programa de multiplicadores internos, para valorizar e reter talentos e para que os próprios funcionários, como instrutores, possam transmitir aos colegas as premissas e práticas da organização e seu espírito de mudança permanente. Mais uma vez, quando há envolvimento dos colaboradores em vários processos organizacionais – como a capacitação de seus pares –, a sensação de pertencimento é intensificada, aumentando os níveis de comprometimento e engajamento com os rumos da empresa.
- Gerir o desempenho dos colaboradores de acordo com as normas e ferramentas da nova cultura organizacional, estabelecendo sempre desafios e metas convergentes com o que foi mudado. Mais do que isso, com o que deve continuar mudando, pois sempre há algo a ser melhorado. A estabilização, em outras palavras, inclui o aperfeiçoamento contínuo de valores, processos e pessoas.
- Capacitar e monitorar continuamente os gestores de áreas para que estimulem o espírito de melhoria contínua nos membros

de suas equipes; para que saibam dar feedback sobre sua performance permanentemente (utilizando indicadores claros); e para que possam identificar pontos que dificultam ou facilitam a implementação dos novos processos, ações e estratégias.

▌ Realizar rituais (festas de aniversariantes do mês, comemorações de metas atingidas, reuniões de resultados trimestral, festas de fim de ano, etc.), utilizando-os como momentos para reforçar o que a empresa deseja de seus funcionários.

.MODELO DE CHECK-LIST.

Propomos um check-list para que o gestor de área aplique em sua equipe, de modo a aprimorar continuamente a organização – e, especialmente, manter viva a necessidade da abertura à mudança permanente.

Todos os dias

[ ] Fazer perguntas estimulantes.

[ ] Aproximar pessoas.

[ ] Mudar algo na rotina.

[ ] Implementar algo que melhore os resultados.

[ ] Disseminar uma boa ideia.

[ ] Elogiar sinceramente pessoas e trabalhos.

[ ] Identificar e conversar sobre as consequências de uma decisão.

Uma vez por semana

[ ] Promover um diálogo.

[ ] Quebrar um muro ou um piso, estrutural ou mental.

[ ] Transformar uma premissa e revelar a transformação.

[ ] Assumir um risco calculado.

[ ] Identificar a contribuição maior de uma técnica para a missão da empresa.

[ ] Envolver pessoas em decisões complexas.

[ ] Conduzir os resultados de uma negociação para o ganha-ganha, que significa que ambos os lados ganham, enquanto que, na lógica do ganha-perde, necessariamente um dos lados tem que perder.

Uma vez por mês

[ ] Promover um encontro para compartilhamento de experiências, conhecimentos tácitos e explícitos.

[ ] Desenvolver e solidificar uma rede de relacionamentos.

[ ] Dar mais um passo na formação de uma equipe genuína.

[ ] Analisar a prática de valores nos pequenos atos e gestos do dia a dia.

[ ] Fazer uma contribuição significativa para a comunidade.

Fonte: Adaptado de Amana-Key Desenvolvimento e Educação (1990).

Apresentamos no quadro a seguir um resumo das três últimas fases da gestão da mudança, segundo Chiavenato (2004):

QUADRO 2 | Últimas fases da gestão da mudança

SENSIBILIZAÇÃO	IMPLEMENTAÇÃO	MANUTENÇÃO
TAREFA DO GERENTE Criar um sentimento de necessidade de mudança	**TAREFA DO GERENTE** Implementar a mudança	**TAREFA DO GERENTE** Estabilizar a mudança
ATRAVÉS DE Incentivo à criatividade e à inovação, a riscos e erros. Boas relações com as pessoas envolvidas. Ajuda às pessoas com comportamento pouco eficaz. Minimização das resistências manifestadas à mudança.	**ATRAVÉS DE** Identificação de comportamentos novos e mais eficazes. Escolha das mudanças adequadas, tanto em tarefas quanto em pessoas, cultura, tecnologia e/ou estrutura. Ações para colocar as mudanças na prática.	**ATRAVÉS DE** Criação da aceitação e de continuidade dos novos comportamentos. Estímulo e apoio necessário às mudanças. Uso de recompensas contingenciais de desempenho e do reforço positivo.

Para concluir, podemos afirmar que as mudanças organizacionais moram nas pessoas: na sua boa ou má vontade, na sua identificação com um horizonte diferente ou não, no seu prazer ou desgosto por sair da zona de conforto. O imobilismo ou a transformação lá estão: nas pessoas, que são a base do sucesso ou fracasso da organização. Jim Collins (2002, p. 147) aponta a centralidade das pessoas nas empresas:

> Os líderes das empresas 'feitas para vencer' compreenderam três verdades simples. A primeira: se você começa com 'quem', e não com 'o quê', pode se adaptar facilmente a um mundo em constante mudança [...] A segunda: se você tem as pessoas certas no barco, o problema de motivar e gerenciar praticamente deixa de existir. As pessoas certas não precisam ser excessivamente gerenciadas ou estimuladas; elas vão se automotivar pelo impulso interior de produzir os melhores resultados e ser parte da criação de algo grande. A terceira: se você tem as pessoas erradas, não importa se você descobriu a direção certa; mesmo assim, não terá uma empresa excelente. Uma grande visão sem grandes pessoas é irrelevante.

. ATIVIDADES .

Com base no que foi exposto neste capítulo, monte em grupo um plano de mudança para a sua organização. Para essa tarefa, preencha as informações a seguir:

1. Nome da organização/setor econômico.

2. Tipo de mudança:

- Justificativa (por que é importante?).
- Prazo (início/fim).

3. Faça uma breve descrição da organização.

4. Descreva detalhadamente o diagnóstico organizacional e os instrumentos utilizados para fazê-lo.

5. Aponte as metas estratégicas às quais o plano de mudança se alinha (financeira/processos internos/clientes/pessoas).

6. Descreva os resultados esperados.

7. Descreva as ações de cada etapa:
   - Planejamento.
   - Sensibilização.
   - Implantação/execução.
   - Estabilização/manutenção.

8. Faça uma proposta de cronograma para o plano de mudança.

7 SAÚDE E SEGURANÇA DO TRABALHO

Você já imaginou como deve ser desejar um bom dia de trabalho para alguém da sua família e essa pessoa não retornar para a casa ao fim do expediente? Pode parecer um exemplo exagerado, mas fatalidades causadas por lesões e doenças ocupacionais fazem parte da realidade de muitas organizações. A razão de ser do subsistema de saúde e segurança do trabalho (S&S), seja ele parte ou não da área de GP, é prevenir a ocorrência desses eventos – além de evitar que se repitam, zelando pela vida dos funcionários.

Seu objetivo é guiar a organização para um nível de amadurecimento em que o cuidado seja vivido e internalizado pelo próprio colaborador. Apesar de muitas vezes ser encarada como impositiva ou reguladora, a área de S&S é parceira dos colaboradores.

> Os profissionais de saúde e segurança têm uma missão ao mesmo tempo gratificante e desafiadora: cuidar das pessoas. Nosso trabalho é dotado de um legado que preserva famílias, sonhos e histórias. Muitas vezes não somos reconhecidos por conta da maneira silenciosa como operamos – quase sempre nos bastidores. Outras tantas nos perguntam o que de fato fazemos. E a verdade é que nós mesmos temos o objetivo de não ser mais necessários, de que as pessoas inspirem cuidado e cuidem de si próprias e de seus colegas de trabalho de maneira espontânea. Até que esse nível de maturidade seja alcançado, seguimos em nossa jornada, mostrando que um comportamento seguro, mesmo que demande um pouco mais de tempo, salva vidas.
>
> **Hugo Swerts Gavinho Vianna Vasconcelos**,
> *consultor em saúde e segurança*[1]

---

[1] Depoimento concedido à autora por e-mail, em 8 de março de 2016.

Na atual abordagem de S&S, o diálogo e a reflexão são ferramentas cada vez mais presentes no dia a dia desse subsistema. A preocupação em se aproximar do funcionário potencializa a capacidade da S&S de se colocar no lugar do outro, valorizando a empatia e criando um ambiente seguro e saudável. Essa é uma perspectiva completamente diferente daquela de poucas décadas atrás, que apenas acompanhava dados, números e percentagens de forma fria, sem considerar que se tratam de pessoas, de vidas humanas que estão em jogo.

.CONVERSA COM O LEITOR.

Você acredita que tem um comportamento seguro? Quando está atravessando a rua, olha com atenção para ver se algum carro está se aproximando? Quando está descendo a escada, segura no corrimão? Você se preocupa com seus colegas de trabalho? Se visse um deles digitando no telefone enquanto anda, você chamaria sua atenção?

Há uma forte ligação entre sustentabilidade e a área de S&S. Falamos algumas vezes ao longo deste livro que uma das grandes preocupações das empresas na atualidade é a sustentabilidade, que significa atuar com responsabilidade para potencializar a duração de recursos e projetos. Nesse sentido, não podemos reduzir sustentabilidade à preocupação com o meio ambiente. As organizações devem se preocupar com cada funcionário e entender que sua existência é fundamental para conseguir alcançar seus objetivos – seja lucro, seja percentual de participação no setor ou reconhecimento da marca no mercado.

A organização que cuida de seus colaboradores recebe a gratidão da sociedade por sua existência. Por outro lado, aquela que não o faz, poderá ser punida com restrições, pressões e boicotes dos próprios funcionários e da sociedade como um todo.

.CONVERSA COM O LEITOR.

Você sabe quais organizações de renome já sofreram boicotes por conta de violações à saúde e segurança de seus colaboradores? A lista é extensa. Basta assistir aos telejornais para ter conhecimento de tragédias ambientais envolvendo empresas dos ramos de petróleo, extração de minérios, produtos químicos, etc.

Também é comum a imprensa noticiar o desrespeito às condições de trabalho e ao meio ambiente por parte de grandes corporações. Há organizações de renome acusadas de empregar mão de obra escrava, até mesmo infantil. Outro exemplo são os erros de planejamento em obras públicas feitas por empreiteiras. Correndo contra o tempo para terminá-las, essas empresas costumam pular etapas. Com isso, põem em risco a segurança de seus funcionários e dos usuários dessas construções.

O universo da S&S

As organizações têm objetivos, valores e culturas diferentes. Cada empresa possui um foco, uma personalidade, um jeito de ser, o seu DNA. Pense, por exemplo, em uma empresa que atua na indústria da siderurgia, e outra que atua no setor de produtos químicos: será que os seus subsistemas de S&S agem da mesma maneira? Definitivamente, não. Isso porque os perigos, ou seja, as possíveis fontes de dano são diferentes.

Uma indústria química apresenta perigos com impactos muito mais significativos que a indústria siderúrgica. Imagine o potencial de uma grande explosão, comparado ao dano de uma queimadura na mão. Em razão dessa grande diferença, as empresas destinam recursos financeiros e tempo de maneira distinta para a S&S.

Seria muito difícil para a empresa siderúrgica destinar grandes investimentos à S&S porque seus lucros não costumam ser tão grandes quanto os da empresa química. Isso não significa, porém, que ela é pior, apenas que seus riscos não requerem muito investimento. Mas mesmo que pedissem, isso tornaria sua existência questionável, já que a própria atividade seria tão perigosa que o retorno financeiro não compensaria. Todavia, é importante observar que a margem de lucro inferior não a autoriza a descumprir com as obrigações legais de S&S.

.DIFERENCIANDO CONCEITOS.

Você sabe a diferença entre perigo e risco?

- **Perigo:** fonte ou situação com potencial para provocar danos à pessoa (lesões, doenças), à propriedade, ao meio ambiente, ao local de trabalho, de forma isolada ou simultânea.
- **Risco:** é a combinação entre a probabilidade de ocorrência de um evento perigoso e sua consequência.

Em resumo: perigo é a fonte geradora e risco é a exposição a essa fonte.

Imagine que você está diante de um fio desencapado: ele representa um perigo, uma fonte de possível dano. Agora, imagine que você está se aproximando sem proteção desse fio. Essa conduta aumenta o risco de choque elétrico, ou seja, aumenta a probabilidade de você sofrer o dano.

É importante entender como a empresa em que você trabalha enxerga a saúde e a segurança, pois só assim você vai saber como tratar do assunto e quais comportamentos ela espera de você. Por exemplo, imagine que sua organização veja com maus olhos descer as escadas sem segurar no corrimão. Na legislação não há nenhum texto sobre essa situação específica, mas se você não seguir essa orientação interna pode acabar se prejudicando no ambiente de trabalho, pois se trata de uma questão ligada à cultura da empresa.

O universo da área de S&S é muito amplo, e há vários assuntos que fazem parte dele. Falaremos dos mais conhecidos e discutidos: processos de gerenciamento de incidentes e prevenção de fatalidades, gerenciamento de riscos e higiene ocupacional.

Gerenciamento de incidentes e prevenção de fatalidades

A busca constante pela produtividade sempre foi e sempre será um inimigo da área de S&S. Com certeza é possível produzir com segurança: mas será que é possível produzir a qualquer custo e, ainda assim, com segurança? Se você costuma ouvir essa pergunta ou mesmo fazê-la a si mesmo, é importante parar e refletir.

.**DIFERENCIANDO CONCEITOS**.

Você sabe a diferença entre incidente e acidente?

A Occupational Health and Safety Assessment Series (OHSAS 18001), versão mais atual da norma internacional de Sistemas de Gestão da Saúde e Segurança do Trabalho, define esses dois conceitos:

- **Incidente:** acontecimento relacionado com o trabalho que, não obstante a severidade, origina ou poderia ter originado dano para a saúde.
- **Acidente:** é um incidente que causou ou contribuiu para a ocorrência de lesões, ferimentos, danos para a saúde ou fatalidade.

Por exemplo: ao passar embaixo de uma escada, ela se movimenta repentinamente mas volta ao lugar. Isso é um incidente. Agora, imagine que a escada não só balança, mas desmonta em cima de você e causa uma lesão no seu ombro. Nesse caso, estamos falando de um acidente.

Para tornar mais clara a diferença entre acidente e incidente, vamos a mais um exemplo: um trabalhador faz o carregamento de caixas de mudas de plantas para um determinado local. Em um dado momento uma das caixas cai, mas nem a caixa, nem as mudas foram danificadas devido à queda, e tampouco o trabalhador se lesionou – portanto, ocorreu um incidente, ou seja, um quase acidente.

Em outro cenário, se a caixa e as mudas fossem danificadas, mas o trabalhador não sofresse lesão, estaríamos diante de um acidente, pois houve uma perda material. Da mesma forma, se o trabalhador sofresse uma lesão devido à queda da caixa com as mudas de plantas, isso caracterizaria claramente um acidente.

Sem dúvida, a integridade do indivíduo é muito mais importante que bens materiais. Portanto, devem ser considerados de maior importância os acidentes com lesão.

Acidentes e incidentes são acontecimentos desagradáveis e, muitas vezes, terríveis. Porém, quando acompanhados e analisados com cuidado, constituem uma fonte de aprendizado significativa. Para que eles possam ser minimizados, entretanto, é necessário que sejam compartilhados. Caso contrário, a chance de que continuem a se repetir é altíssima.

Então, por que esses eventos ainda são ocultados? Porque acidentes e incidentes geram obrigações legais que muitas vezes são evitadas pelas organizações, como gastos com benefícios que são direito do trabalhador, ou mesmo chamam a atenção para os líderes dos acidentados. No fim das contas, deixar de comunicar a ocorrência de acidentes ou incidentes gera duas consequências negativas: impede que suas causas sejam tratadas e deixa o empregado desamparado.

Para fins da legislação, são considerados acidentes de trabalho:

- **Ocupacionais:** o ambiente de trabalho causou ou contribuiu para a ocorrência ou o agravamento de uma lesão ou doença.
- **De trajeto:** aqueles que ocorrem no percurso normal do colaborador para o trabalho e do trabalho para sua residência.

• SAIBA MAIS •
Em agosto de 2013, os legisladores brasileiros, pensando na possibilidade de muitos incidentes não serem comunicados, criaram a Lei nº 12.832, que proíbe a utilização de metas de desempenho relacionadas à S&S na participação dos lucros e resultados. Assim, esconder incidentes para melhorar os indicadores deixa de trazer benefícios financeiros àqueles que o fazem.

Muitas pessoas não sabem que um acidente de trajeto é considerado acidente de trabalho e que, portanto, também deve ser reportado à organização, para o cadastramento da comunicação de acidente de trabalho (CAT). Com esse registro, a empresa informa a Previdência Social sobre o ocorrido e permite que o colaborador seja amparado pelo Instituto Nacional do Seguro Social (INSS).

.CONVERSA COM O LEITOR.

Você já deixou de comunicar algum acidente por não saber se deveria fazê-lo? Teve medo de sofrer algum tipo de represália por comunicá-lo? Sempre que se sentir assim ou perceber que alguém próximo a você está passando pela mesma situação, lembre-se que outras pessoas podem se machucar também, mas você pode contribuir para evitar que isso aconteça.

Em uma organização, é esperado que o processo de gerenciamento de incidentes seja estruturado para:

- Categorizar a gravidade dos eventos ocorridos.
- Analisar os fatores que contribuíram para a ocorrência.

Os responsáveis por esse processo são profissionais de segurança do trabalho, divididos em:

- **Equipe corporativa de saúde e segurança:** existe apenas quando a área de S&S integra o RH da organização. Esses profissionais são responsáveis por determinar as regras corporativas que servirão de orientação para as áreas em que as atividades perigosas são realizadas.
- **Serviço especializado em engenharia de segurança e medicina do trabalho (SESMT):** é uma equipe multidisciplinar

constituída por técnicos, engenheiros, médicos e enfermeiros do trabalho. Esses profissionais atendem diretamente as áreas em que as atividades perigosas são realizadas.

▍**Comissão interna de prevenção de acidentes (CIPA):** formada por representantes indicados pelo empregador e outros, eleitos pelos funcionários, que integram os vários departamentos da empresa. A equipe tem por objetivo contribuir para a prevenção de acidentes e doenças decorrentes do trabalho.

O processo de análise de incidentes é realizado pelo SESMT. Nessa análise, são listados:

▍Os principais fatores que contribuíram para a ocorrência.

▍Iniciativas para a eliminação ou para o controle desses fatores.

Com base em um plano de ação – uma lista feita pelo SESMT para eliminar ou solucionar os principais fatores que contribuíram para a ocorrência do incidente ou acidente –, pode-se acompanhar as etapas de análise que foram concluídas, ter conhecimento daquelas que ainda estão pendentes e saber quem são os responsáveis por elas. O controle do plano é fundamental para que os fatores contribuintes sejam devidamente tratados. É necessário também ter cuidado em relação ao que será listado como ação: iniciativas muito ousadas ou mirabolantes normalmente acabam não sendo viáveis. Por exemplo, adquirir e aplicar indicadores luminosos eletrônicos em todos os degraus das escadas é uma iniciativa que provavelmente reduziria o risco de queda, mas que seria muito cara e iria demandar certo tempo e a contratação de mão de obra para ser realizada.

Como profissional de RH, além do acompanhamento dessas ações, é importante que você consiga reconhecer condições inseguras, isto é, os perigos do ambiente de trabalho. Assim, poderá alertar seus colegas e procurar entender qual é o posicionamento dos profissionais responsáveis perante essas condições – se são devidamente tratadas ou se são desconhecidas por eles. Atos inseguros, ou seja, aqueles que potencializam os riscos, devem ser tratados com

.SAIBA MAIS.
O processo de análise de incidentes e acidentes deve ser embasado em métodos lógicos como o diagrama de Ishikawa (ou espinha de peixe). Leia sobre esse método em http://www.esalq.usp.br/qualidade/ishikawa/pag1.htm. Acesso em: 26 jan. 2019.

diálogo – converse com o colega sempre se colocando no lugar dele, com tato e cuidado.

Como profissional de RH, é importante que você consiga reconhecer condições inseguras, os perigos do ambiente de trabalho. Assim, você poderá alertar seus colegas.

.DICA.

Ao se aproximar de um colega para conversar sobre um comportamento dele que configura um ato inseguro, seja muito cuidadoso. Questões culturais fazem com que esse tipo de aproximação seja encarada como uma invasão. Procure sempre mostrar sua preocupação com a integridade física do colega. Se for possível, relate situações que aconteceram com você, porque isso ajuda nessa aproximação.

.CONVERSA COM O LEITOR.

É muito comum que os fatores contribuintes levantados durante uma análise de incidente estejam conectados à questão comportamental. Não há nenhum problema em afirmar que o comportamento do funcionário envolvido não foi adequado ou que o risco não foi percebido. O grande problema está em procurar culpados pelo incidente e imputar toda a culpa ao próprio acidentado.

Atenção: chegar até um fator comportamental é razoável, mas é fundamental ir fundo na análise, e entender o motivo daquele comportamento perigoso. Por exemplo, se o empregado cochilou enquanto conduzia seu carro de uma sede da empresa até a outra, é possível que ele estivesse cansado devido ao trabalho excessivo, ou mesmo que estivesse utilizando algum medicamento que não foi avaliado durante os exames periódicos. Medidas administrativas, como demissões, não resolvem o problema: apenas o escondem.

Agora que terminamos de discorrer sobre gerenciamento de incidentes, você provavelmente deve estar com uma pergunta em mente: por que precisamos tratar de prevenção de fatalidades quando já atuamos sobre os incidentes como um todo? Em outras palavras: se já existe gerenciamento de incidentes, por que tratar em separado de prevenção de fatalidades? Essa dúvida é natural, mesmo dentro da área de S&S, e a resposta ainda é muito debatida.

Quando falamos de incidentes, não podemos deixar de citar a teoria de Frank Bird, de 1969 – ou pirâmide de Bird, como também é conhecida. Bird, engenheiro norte-americano, dizia que, quanto maior a gravidade de um acidente, menor é a sua ocorrência. Esse fenômeno criaria uma pirâmide em que, no topo, teríamos os acidentes mais graves (com fatalidades), com poucas ocorrências, e na base, os quase acidentes mais leves, com muitas ocorrências.

A teoria de Bird é facilmente comprovada na prática, mas ela acabou levando as pessoas a acreditarem no seguinte: se a ocorrência de acidentes leves fosse drasticamente reduzida, isso levaria a uma redução daqueles mais graves. Isso, contudo, não é real por um motivo: as medidas de controle, ou seja, as ferramentas disponíveis para prevenir incidentes, não são as mesmas nos dois casos.

Não ficou claro? Imagine colaboradores que tenham pequenas queimaduras nas pontas dos dedos por trabalhar com soldagem sem utilizar as luvas apropriadas para a atividade. Se fosse feita uma campanha sobre o cuidado necessário para desempenhar essa função, o número de acidentes reduziria. Mas será que o uso de luvas impede outros riscos de se materializar – como a probabilidade de um cilindro de oxigênio explodir e vitimar um funcionário? Certamente, não.

Por isso, a atenção e o cuidado com perigos que possam causar fatalidades são maiores. Erros mínimos nessas situações podem custar a vida de uma pessoa. Se uma fatalidade acontecer, a organização é obrigada a prestar toda a assistência à família do funcionário.

Geralmente, quando se pensa em saúde e segurança, logo se lembra de acidentes, lesões ou outros danos físicos. Mas as doenças ocupacionais, que fazem parte do dia a dia de todas as empresas, também devem ser levadas em consideração. Você já pensou nas diversas fontes de doenças às quais nos expomos em nosso ambiente de trabalho? A não ser que você realize suas atividades em casa (o que é chamado de home-office), precisará se deslocar para um lugar diferente, que contém fatores de exposição que estão fora de seu controle.

Desde uma gripe por conta da mudança brusca de temperatura até a contração de malária durante uma viagem, as situações em que o funcionário pode se expor a uma doença por causa do trabalho são incontáveis. Falaremos com mais detalhe das causas dessas doenças quando tratarmos do tema higiene ocupacional.

Por enquanto, podemos dizer que todos os casos de lesões ou doenças devem ser cuidadosamente avaliados pela área da medicina do trabalho. Ela será capaz de classificar os danos quanto à sua natureza e destacar sua gravidade.

Doenças também causam lesões. Por exemplo, um desmaio comumente é decorrência de uma doença, e a queda pode lesionar a pessoa. A medicina do trabalho, nesses casos, determina se existe ou não nexo causal: a relação entre o trabalho desenvolvido pelo acidentado e o desmaio. Caso seja comprovada essa relação, o desmaio será considerado um acidente de trabalho.

Imagine que, após uma reunião muito estressante, um funcionário de uma organização desceu uma escada e sentiu tontura, perdeu a consciência por alguns segundos e caiu machucando sua perna. Essa situação configura nexo causal. Mas como comprovar isso, já que apenas ele sabia como estava se sentindo após a reunião? Esse é um dos grandes desafios da medicina do trabalho, que se torna possível através da análise de exames periódicos anteriores e com a ajuda de testemunhas.

.PERTURBAÇÃO FUNCIONAL.

Já imaginou como deve ser traumático estar envolvido em um acidente? Mesmo que não seja você o acidentado, mas um colega de trabalho com quem compartilha responsabilidades diariamente. Como os impactos de um acidente também atingem a mente, foi criada pela medicina do trabalho uma classificação para os casos em que o funcionário fica psicologicamente traumatizado com o evento. Esse distúrbio é chamado de perturbação funcional. Quando isso ocorre, ele pode permanecer afastado da empresa enquanto recebe tratamento. À sua remuneração mensal é acrescido auxílio ao pagamento dos honorários médicos, e seus benefícios não são suspensos.

Gerenciamento de riscos

O processo de gerenciamento de riscos é fundamental para qualquer organização que realize atividades perigosas. Pense em uma plataforma de petróleo operando em alto-mar sem um olhar atento à administração de uma quantidade enorme de riscos, ou uma empresa no setor de aviação que não gerencie uma cadeia de riscos – do check-in e entrega de bagagem dos passageiros ao voo propriamente dito.

Mas se estamos falando de saúde e segurança, por que precisamos gerenciar os riscos – e não simplesmente acabar com eles?

Porque as fontes de perigo às quais os colaboradores se expõem diariamente fazem parte da atividade, e a organização não pode operar sem elas. Por exemplo, não é possível extrair minério de ferro sem entrar em uma mina.

O primeiro passo para gerenciar riscos é fazer um mapeamento deles, ou seja, desenhar um grande painel desses riscos. No caso da mineradora, é preciso ter informações das características da região em que as atividades são feitas. Por exemplo, o clima e as comunidades que fazem parte do entorno. Depois, é necessário entender quais são os riscos envolvidos na atividade: proximidade com eletricidade, realização de trabalhos sobre terreno instável e uso de explosivos, etc. Quanto mais identificados forem esses riscos, maior será a capacidade de controlá-los.

Os documentos mais comuns do mapeamento de riscos são:

- **Análise preliminar de risco (APR):** relaciona os possíveis riscos de uma atividade que será desenvolvida.
- **Análise de risco da tarefa (ART):** detalha os riscos de cada tarefa realizada pelo funcionário durante uma atividade.
- **Permissão de trabalho (PT):** nesse documento, o responsável por uma área informa os riscos e concede autorização para que um funcionário ou equipe de outra área realize atividades nela.

Esses documentos estão diretamente relacionados com o processo de gerenciamento de riscos. Sua má elaboração ou inexistência são fatores que contribuem para a ocorrência de acidentes. Os documentos indicam responsáveis e prazos para a implementação de medidas preventivas ou reparatórias.

Com a construção do mapa de riscos da organização, pode-se analisar a quantidade de vezes em que o empregado sofre exposição a eles. A probabilidade de ocorrência de cada risco e a gravidade de seu impacto também são elementos passíveis de medição. Assim, tem-se uma matriz dos riscos mais altos (que apresentam maior probabilidade de confirmação e podem causar mais dano) e dos mais baixos (que apresentam menor probabilidade de confirmação e causam um dano muito pequeno) (ver quadro 1):

QUADRO 1 | Matriz de riscos de uma organização – FONTE: adaptado de Civil Aviation Authority (2008 *apud* DIAS *et al.*, 2013)

		GRAVIDADE				
		5 CATASTRÓFICA	4 PERIGOSO	3 GRANDE	2 PEQUENA	1 DESPREZÍVEL
PROBABILIDADE DE OCORRÊNCIA	1 EXTREMAMENTE IMPROVÁVEL	5 REVISAR	4 ACEITÁVEL	3 ACEITÁVEL	2 ACEITÁVEL	1 ACEITÁVEL
	2 IMPROVÁVEL	10 INACEITÁVEL	8 REVISAR	6 REVISAR	4 ACEITÁVEL	2 ACEITÁVEL
	3 REMOTA	15 INACEITÁVEL	12 INACEITÁVEL	9 REVISAR	6 REVISAR	3 ACEITÁVEL
	4 OCASIONAL	20 INACEITÁVEL	16 INACEITÁVEL	12 INACEITÁVEL	8 REVISAR	4 ACEITÁVEL
	5 FREQUENTE	25 INACEITÁVEL	20 INACEITÁVEL	15 INACEITÁVEL	10 INACEITÁVEL	5 REVISAR

A matriz do quadro 1 aponta quais são os riscos que devemos tratar mais rapidamente (mais escuros) e também os que podem ser facilmente tratados (mais claros). Manter a matriz sempre atualizada é uma forma de atuar continuamente na prevenção de acidentes, o que mostra como os processos de gerenciamento de incidentes e gerenciamento de riscos estão diretamente relacionados.

Para tratar dos riscos, é necessário estabelecer quais são as medidas de controle, ou seja, as ferramentas apropriadas para reduzi-los ou mesmo eliminá-los. Essas medidas são representadas por uma escada de eficiência, a pirâmide de hierarquia dos controles. Ela revela que a eficiência dos controles é ordenada por dois critérios: a necessidade de supervisão e acompanhamento e a dificuldade de implementação de cada controle.

Para que uma atividade possa ser realizada, é necessário atingir um critério mínimo de aceitabilidade, ou seja, presença aceitável de risco, mesmo depois da implantação dos controles. Esse risco é chamado de residual – ou seja, remanescente –, enquanto o risco original é chamado de risco puro.

- **Eliminação:** a única forma de eliminar completamente o risco de uma tarefa é deixando de realizá-la.
- **Substituição:** o risco é reduzido quando a forma de realização de uma tarefa é substituída por outra mais segura.
- **Engenharia:** modificações na estrutura de máquinas e equipamentos os tornam mais seguros, por exemplo, a implantação de sensores.
- **Sinalização e advertência:** a utilização de sinais ou advertências sobre a existência do risco mitiga sua confirmação.
- **Administrativo:** regulamentos tornam a realização das tarefas mais segura.
- **Equipamentos de proteção individual (EPIs):** atuam na prevenção ou redução de riscos. Os EPI demandam muita supervisão e podem falhar se houver pequenas mudanças no cenário do acidente.

Imagine que um empregado precisa trocar uma lâmpada, uma tarefa que apresenta o risco de choque elétrico. Vejamos diferentes cenários e medidas de controle desse risco:

- A lâmpada está localizada ao lado do painel elétrico que a alimenta, que pode ser facilmente desligado. O risco é quase eliminado, pois ainda pode haver alguma energia residual na rede.
- Na maioria das vezes em que o choque elétrico ocorreu, o funcionário que realizava a tarefa estava tocando a parte metálica da lâmpada. A mudança na maneira como a atividade é realizada reduziu o risco.
- Uma modificação na engenharia da rede elétrica fez com que ela passasse a ser desarmada com um simples toque. Essa

mudança tornou a atividade mais segura; porém, para que o risco seja menor, é preciso inspecionar constantemente o funcionamento.

- Uma sinalização no local indica o risco de choque elétrico. O risco é notificado, mas não reduzido nem eliminado.
- As regras para a realização da tarefa determinam claramente que o painel elétrico deve ser desligado antes da troca da lâmpada. Mesmo assim, o funcionário pode optar por fazer esse procedimento sem desligar a rede elétrica, expondo-se ao risco.
- O empregado recebeu luvas de proteção a choques. É preciso supervisionar se elas estão sendo usadas, e o custo de fornecer a proteção a todos os colaboradores é alto. O risco continua a existir e a qualidade das luvas é que determinará o quanto ele será reduzido.

.CONVERSA COM O LEITOR.

Você acredita que alguém deixaria de utilizar uma medida de controle disponível por vontade própria? Questões culturais, comportamentais e até mesmo emocionais estão envolvidas nessa situação. Então, considere que, quando um funcionário não segue as regras ou não usa o equipamento que lhe foi entregue, ele não quer se ferir de propósito. Procure entender os motivos por trás desse comportamento.

Depois que os riscos forem tratados, é necessário controlar e atualizar o processo, retroalimentando todo o ciclo. Além disso, novos riscos podem surgir a qualquer momento, em razão de modificações na realização do trabalho, da necessidade de implementação de atividades ou mesmo de mudanças climáticas e sociais. Esses riscos precisam ser inseridos no processo e avaliados para também serem gerenciados.

No processo de gerenciamento de riscos, mesmo com uma ampla gama de termos técnicos e análises quantitativas, o fator comportamental é fundamental. Os conceitos e, principalmente, as medidas de controle devem fazer parte do dia a dia dos funcionários. Essa internalização progressiva do cuidado, da atenção, da prevenção por parte do empregado cria uma cultura de saúde e segurança e um ambiente de trabalho onde todos ganham.

Higiene ocupacional

Os processos de gerenciamento de riscos e de higiene ocupacional estão diretamente conectados. Algumas organizações, inclusive, tratam os dois de maneira conjunta. Aqui, vamos falar deles separadamente, porque existem muitas particularidades importantes em cada um dos processos, a começar pela definição: no senso comum, higiene se relaciona com o cuidado do bem-estar e da saúde por meio de hábitos saudáveis. Aliado ao termo ocupacional, indica que podemos tratar desses cuidados nas práticas relacionadas ao trabalho.

Quando falamos de gerenciamento de riscos, estamos nos referindo a riscos de várias naturezas (ambiental, material, segurança, etc.), mas quando falamos de higiene ocupacional, trata-se dos riscos à saúde. Esses riscos vêm de agentes ambientais, ou seja, fontes de perigo que fazem parte do ambiente do funcionário. São eles:

- **Agentes físicos:** as várias formas de energia que afetam fisicamente o organismo humano, como excesso de ruído e umidade, pressão fora do normal, iluminação fraca, variações extremas de temperatura e vibrações em geral.
- **Agentes químicos:** substâncias ou elementos que podem penetrar no corpo por meio do aparelho respiratório, em contato com a pele ou pela alimentação, como a poeira e a fumaça.

▎**Agentes biológicos:** microrganismos que podem contaminar o homem, como vírus, bactérias, fungos e parasitas.

Podemos também falar de um tipo específico de risco, o ergonômico, que ocorre quando realizamos atividades em posições desconfortáveis ou esforços repetitivos, que causam dores musculares.

.CONVERSA COM O LEITOR.

Na época da Revolução Industrial, saúde e segurança não eram uma preocupação organizacional. Movimentos repetitivos e linhas de produção aceleradas faziam parte da realidade de quase todo empregado. Felizmente, os conceitos evoluíram, e agora nos preocupamos com a posição com que nos sentamos em frente ao notebook ou mesmo com nossa postura durante uma reunião. Caso contrário, dores musculares e lesões que podem levar ao afastamento do trabalho virão nos lembrar da importância da preocupação com esses aspectos.

Para mapear todos os agentes aos quais os funcionários estão expostos em uma organização, utilizamos uma ferramenta que os agrupa por tipo de exposição – o grupo homogêneo de exposição (GHE). Ele representa um grupo de empregados expostos aos agentes ambientais de forma bastante semelhante, a tal ponto que avaliar apenas um deles já fornece dados úteis para avaliar os outros.

Depois desse agrupamento, é estabelecido um limite de exposição ocupacional (LEO), ou seja, um valor de concentração ou intensidade relacionado à natureza e ao tempo de exposição a um agente ambiental. O LEO é definido com base em estudos técnico-científicos que pregam que a maioria dos trabalhadores pode estar exposta a um agente ambiental durante toda a vida laboral sem sofrer efeitos adversos à saúde. Portanto, o empregado deve estar atento a esse limite de exposição, especialmente para que possa requerer o adicional de insalubridade, se for o caso.

O adicional de insalubridade está relacionado ao processo de higiene ocupacional, porque ele se refere exatamente ao LEO. Quando um funcionário se expõe a agentes ambientais em medidas superiores ao LEO, recebe um adicional de até 40% do salário mínimo da região, de acordo com o nível e a intensidade da exposição.

Caso a intensidade seja superior à metade da medida definida pelo LEO, a área de S&S deve realizar ações para reduzir o risco de exposição ao agente. Por exemplo, se um empregado está em contato com agentes químicos (gases tóxicos), ele deve receber um EPI, como um respirador que mitigue esse risco.

Como dissemos, o EPI é a medida de controle de menor eficiência porque, para assegurar seu uso, é necessária supervisão constante. Além disso, ele é a última barreira entre o colaborador e o perigo; se falhar, o dano é certo. Infelizmente, o uso desses equipamentos exime a organização de pagar o adicional.

No entanto, a multa, caso o empregado esteja exposto ao agente sem o equipamento correto, é tão elevada que muitas organizações ficam sempre na dúvida de como lidar com a situação. A resposta está na conscientização e na mudança cultural de gestores e empregados, que devem ser alertados sempre dos danos referentes a esse tipo de exposição.

Outro tipo de adicional também legalmente definido é o de periculosidade. No entanto, esse adicional é bem delimitado e destinado a perigos críticos. Ele é aplicável quando o colaborador realiza atividades que envolvem componentes inflamáveis, explosivos, energia elétrica, perigo de roubo e violência física – esses dois últimos apenas no exercício de atividades de segurança patrimonial, como vigias ou seguranças, por exemplo. O adicional é fixado em 30% do valor do salário.

Em atividades com uso de eletricidade e de componentes inflamáveis, os EPI também configuram exceções. Nos casos de trabalho com explosivos, apenas equipamentos de proteção coletiva, ou seja, para vários funcionários, faz sentido. Ainda assim, esses controles não são muito eficazes no manuseio direto desse tipo de material.

.CONVERSA COM O LEITOR.

O que significa compensar os riscos aos quais os colaboradores estão expostos com ganhos salariais ou financeiros? É evidente que os funcionários devem ser beneficiados de alguma maneira. Mas será que não estamos trocando bem-estar e saúde por dinheiro? O custo pode ser muito alto nesse tipo de transação. Assim, é importante que mantenhamos nossos olhos abertos sobre a real necessidade de executar tarefas muito nocivas, porque as medidas de controle podem existir, mas não serem suficientes quando falamos de uma vida.

GP e S&S

Agora que falamos sobre os três grandes processos de saúde e segurança (gerenciamento de incidentes e prevenção de fatalidades, gerenciamento de riscos e higiene ocupacional), é o momento de fazermos uma reflexão: como profissional de RH, que contribuição você pode dar à área de S&S?

Neste capítulo, destacamos a importância do fator humano em avalições de riscos e campanhas de conscientização e prevenção de acidentes. Para o funcionário, a internalização dessas preocupações se dá em treinamentos e com o uso de ferramentas de comunicação que a área de GP conhece bem.

Em relação às ações de treinamento e capacitação, é importante saber que os profissionais da área de S&S devem ser os produtores de conteúdo. Afinal de contas, são eles que entendem a fundo do assunto. No entanto, a definição das metodologias adotadas no processo de ensino-aprendizagem, as diretrizes de capacitação, a frequência, as avaliações e a aplicação de pesquisas de satisfação nas turmas são atribuições da área de GP.

Há várias ferramentas de comunicação para sensibilizar e conscientizar empregados sobre a importância da saúde e segurança no trabalho e sobre normas e procedimentos, direitos, entre outras questões. Avisos em murais, fôlderes, cartazes, campanhas, palestras, workshops, jornais, comunicados na intranet e no site da organização, newsletters – tudo isso pode e deve ser utilizado no processo contínuo de informação.

Os profissionais de GP conhecem as abordagens para cada caso: qual meio e linguagem utilizar, por exemplo. Eles devem trabalhar esse conteúdo e a forma de transmiti-lo com a equipe de comunicação interna – que, em muitas organizações, está dentro da área de GP. Abordar um supervisor ou líder é diferente de abordar um operador de máquinas ou um mecânico. Ninguém é melhor do que ninguém, apenas é necessário que grupos diferentes recebam conteúdos e orientações de saúde e segurança com linguagem e exemplos compatíveis com sua atividade.

Quando falamos do processo de gerenciamento de incidentes, abordamos o acompanhamento do plano de ação, construído para estabelecer prazos e responsabilidades das ações corretivas. Essas ações são determinadas pela área de S&S, mas o profissional de GP é o mais indicado para acompanhá-las.

Novamente, o sucesso de um plano de ação depende de uma série de fatores ligados ao comportamento humano. Para lidar com eles é necessário ter empatia, ou seja, a capacidade de se colocar no lugar do outro.

No caso de acidentes fatais se confirmarem, também é fundamental o papel do profissional da área de GP: ele precisa aplicar sua empatia no auxílio às famílias, detectando necessidades especiais que surgem nesses eventos, como indicação para acompanhamento psicológico e assistência social. Certificar-se de que esses cuidados foram tomados não tem a finalidade única de verificar o cumprimento das questões legais, mas também significa que a reputação da empresa será resguardada.

Por fim, quando falamos dos adicionais de periculosidade e insalubridade, o mapeamento dos funcionários que têm o direito de recebê-los deve ser realizado por profissionais da área de S&S, mas quem vai se certificar de que eles efetivamente receberam esses benefícios é o profissional de GP. Essa é uma grande responsabilidade: multas e penalizações de grande escala podem incidir sobre a empresa caso os adicionais não sejam dados àqueles que devem recebê-los.

. NORMAS REGULADORAS DE S&S .

A área de S&S é regida por determinações legais denominadas normas reguladoras (NRs). Neste quadro, abordamos brevemente as principais NRs, mas recomendamos a leitura dos textos integrais das normas, que podem ser acessados no site da Secretaria do Emprego e Relações do Trabalho, do Ministério da Economia.

- **NR 1:** importante por seu caráter introdutório. Essa norma aborda especificamente responsabilidades e como as NRs devem ser tratadas legalmente.

- **NR 5:** trata dos processos e dos requisitos para a formação da Cipa.
- **NR 6:** descreve o que são os EPIs e quais os requisitos legais para que possam ser comercializados e utilizados.
- **NR 9:** trata do programa de prevenção de riscos ambientais (PPRA), criado com base no mapeamento de riscos que integra os processos de gerenciamento de riscos e de higiene ocupacional.
- **NR 15:** descreve a aplicabilidade e as especificidades do adicional de insalubridade para atividades e operações insalubres.
- **NR 16:** descreve a aplicabilidade e as especificidades do adicional de periculosidade para atividades e operações perigosas.
- **NR 17:** trata da definição legal de ergonomia e descreve parâmetros que ajudam a melhorar as condições ergonômicas do local de trabalho.

As demais NRs tratam de configurações de trabalho muito específicas – ocupações que envolvem máquinas e equipamentos, eletricidade, mineração, etc. É importante conhecê-las se sua organização executa atividades que se relacionem com algum desses componentes.

.ATIVIDADES.

1. Pense em maneiras de implementar medidas de saúde & segurança em duas organizações com perfis bem diferentes:

   - Um museu com grande circulação diária de público.
   - Uma empresa prestadora de serviços na área de infraestrutura e manutenção predial.

REFERÊNCIAS

AMANA-KEY DESENVOLVIMENTO E EDUCAÇÃO. **Coletânea de artigos Amana-Key 1989-1990**. CD-ROM. São Paulo, 1990.

BARCAUI, André (org.). **PMO**: escritórios de projetos, programas e portfólio na prática. Rio de Janeiro: Brasport, 2012.

BAUMAN, Zygmunt. **O mal-estar da pós-modernidade**. Rio de Janeiro: Zahar, 1998.

BENNIS, Warren. **A essência do líder**. São Paulo: Elsevier, 2010.

BOECHAT, Beatrice. **Performance e felicidade no cinema norte-americano contemporâneo**. 2013. Dissertação (Mestrado em Comunicação) – Escola de Comunicação, UFRJ, Rio de Janeiro, 2013.

BOOG, Gustavo. **Manual de treinamento e desenvolvimento ABDT**. São Paulo: Makron Books, 1999.

BOOG, Gustavo; BOOG, Magdalena (org.). **Manual de treinamento e desenvolvimento**: gestão e estratégias. São Paulo: Pearson Education Brasil, 2013a.

BOOG, Gustavo; BOOG, Magdalena (coord.). **Manual de treinamento e desenvolvimento**: processos e operações. São Paulo: Pearson Education do Brasil, 2013b.

BRANDÃO, João Baptista. **Gestão estratégica de recursos humanos**. Rio de Janeiro: Editora FGV, 2013.

CAMARGO, Alvaro. Gerência de mudanças e o PMO. In: BARCAUI, André. **PMO**: escritórios de projetos, programas e portfólio na prática. Rio de Janeiro: Brasport, 2012. p. 451-485.

CHIAVENATO, Idalberto. **Gestão de pessoas**: o novo papel dos recursos humanos nas organizações. 9. reimpr. Rio de Janeiro: Elsevier, 2004.

COCA-COLA BRASIL. **Nossa missão**. Rio de Janeiro, 2015.

COLLINS, Jim. **Empresas feitas para vencer**. São Paulo: Campus, 2002.

DAVEL, Eduardo; VERGARA, Sylvia (org.). **Gestão com pessoas e subjetividade**. São Paulo: Atlas, 2012.

DE MASI, Domenico. **Criatividade e grupos criativos**. Rio de Janeiro: Sextante, 2003.

DIAS, Glend Kleiser Gouveia *et al*. Uma análise da implementação do sistema de gerenciamento da segurança operacional nos operadores de táxi aéreo do Brasil. **Espacios**, v. 34, n. 9. Disponível em: http://www.revistaespacios.com/a13v34n09/13340906.html. Acesso em: 16 jun. 2016.

DUTRA, Joel de Souza. **Administração de carreira**: uma proposta para repensar a gestão de pessoas. São Paulo: Atlas, 1996.

FIGUEIREDO, Maria do Amparo Caetano *et al*. Metodologia de oficina pedagógica: uma experiência de extensão com crianças e adolescentes. **Revista Eletrônica Extensão Cidadã**, João Pessoa, v. 2, 2006. Disponível em: http://periodicos.ufpb.br/index.php/extensaocidada/article/view/1349. Acesso em: 23 jun. 2016.

FISCHER, Rosa Maria. Mudança e transformação organizacional. In: FLEURY, Maria Tereza Leme (org.). **As pessoas na organização**. São Paulo: Gente, 2002. p. 147-164.

GUBMAN, Edward. **Talento**: desenvolvendo pessoas e estratégias para obter resultados extraordinários. Rio de Janeiro: Campus, 1999.

KOTLER, Philip; KELLER, Kevin. **Administração de marketing**. São Paulo: Pearson Education do Brasil, 2012.

MELLO, Paulette; PEREIRA, Alexandre; OLIVEIRA, Anderson; BOECHAT, Beatrice. **Aprendizagem e desenvolvimento de pessoas**. Rio de Janeiro: Editora FGV, 2016.

MOURA, Paulo. **O benefício das crises**. Rio de Janeiro: Mauad, 1995.

NADER, Ginha. **A magia do império Disney**. 4. ed. rev. São Paulo: Editora Senac São Paulo, 2014.

PASCHINI, Selma. **Estratégia**: alinhando cultura organizacional e estratégia de recursos humanos à estratégia do negócio. Rio de Janeiro: Qualitymark, 2006.

SALES, Selmara Raquel Gomes. **Transformação organizacional**: um estudo de caso sobre a percepção dos gestores em uma mineradora no Brasil. 2012. Dissertação (Mestrado em Administração) – Fundação Pedro Leopoldo, Pedro Leopoldo, 2012.

SALIBI NETO, José. Empresas? Não: mestre em talento. **HSM Management**, São Paulo, v. 14, n. 81, jul./ago. 2010. Disponível em: http://www.viccoconsultores.com.br/artigos/Empresas%20Nao_Mestres%20em%20Talento.htm. Acesso em: 20 jun. 2016.

SCHECHNER, Richard. O que é performance. **O Percevejo**, Rio de Janeiro, n. 12, p. 25-50, 2003.

SENGE, Peter. **A quinta disciplina**: arte e prática da organização que aprende. Rio de Janeiro: BestSeller, 2006.

SHWIFF, Kathy. **Contratando pessoas**: saiba como recrutar e reter os funcionários mais competentes. Rio de Janeiro: Editora Senac Nacional, 2011.

SILVERSTEIN, Barry. **Gerenciando pessoas**: desvende os segredos de liderança dos grandes gestores. Rio de Janeiro: Editora Senac Nacional, 2011.

SOUZA, Vera Lúcia de *et al*. **Gestão de desempenho**. Rio de Janeiro: Editora FGV, 2009.

TOFFLER, Alvin. **A terceira onda**. Rio de Janeiro: Record, 1981.

VECCHIONI, Iêda Maria *et al*. **Consultoria em gestão de pessoas**. Rio de Janeiro: Editora FGV, 2008.

VECCHIONI, Iêda Maria *et al*. **Cargos, carreiras e remuneração**. Rio de Janeiro: Editora FGV, 2011.

WICK, Calhoun; POLLOCK, Roy; JEFFERSON, Andrew. **6D's**: as seis disciplinas que transformam educação em resultados para o negócio. São Paulo: Évora, 2011.

WOOD JUNIOR, Thomas (org.). **Mudança organizacional**. 5. ed. São Paulo: Atlas, 2009.

Sugestões de leitura complementar

ARREDONDO, Lani. **Aprenda a se comunicar com habilidade e clareza**: 24 técnicas para tornar sua comunicação mais eficiente e seu dia a dia mais produtivo. Rio de Janeiro: Sextante, 2007.

BANOV, Márcia Regina. **Psicologia no gerenciamento de pessoas**. São Paulo: Atlas, 2008.

BARCAUI, André. **Gerente também é gente**: um romance sobre gerência de projetos. Rio de Janeiro: Brasport, 2006.

CARVALHAL, Eugenio do. **Negociação**: fortalecendo o processo: como construir relações de longo prazo. Rio de Janeiro: Vision, 2001.

DAMASCENO, Bianca. Consumir menos & consumar mais: "santo remédio" contra medicalização da existência. **Revista Húmus**, São Luís, v. 5, n. 15, 2015.

EBOLI, Marisa *et al*. **Educação corporativa**: fundamentos, evolução e implantação de projetos. São Paulo: Atlas, 2010.

EHRENBERG, Alain. **O culto da performance**: da aventura empreendedora à depressão nervosa. São Paulo: Ideias & Letras, 2010.

FERREIRA, Victor Claudio Paradela. **Gestão de pessoas**. Rio de Janeiro: Editora FGV, 2012.

FREIRE FILHO, João. O anseio e a obrigação de ser feliz hoje. In: FREIRE FILHO, João (org.). **Ser feliz hoje**: reflexões sobre o imperativo da felicidade. Rio de Janeiro: Editora FGV, 2010. p. 13-25.

HASHIMOTO, Marcos. **Espírito empreendedor nas organizações**: aumentando a competitividade através do intra-empreendedorismo. São Paulo: Saraiva, 2006.

KOTTER, John P. **Liderando mudança**. Rio de Janeiro: Campus, 1999.

LAGES, Andrea; O'CONNOR, Joseph. **Como o coaching funciona**: o guia essencial para a história e prática do coaching eficaz. Rio de Janeiro: Qualitymark, 2010.

MEISTER, Jeanne. **Educação corporativa**: a gestão do capital intelectual através das universidades corporativas. São Paulo: Makron Books, 1999.

NIETZSCHE, Friedrich. **Assim falou Zaratustra**: um livro para todos e para ninguém. Tradução Paulo César de Souza. São Paulo: Companhia das Letras, 2011.

PONTES, Benedito Rodrigues. **Administração de cargos e salários, carreira e remuneração**. São Paulo: LTR, 2015.

SCHEIN, Edgard H. **Cultura organizacional e liderança**. São Paulo: Atlas, 2009.

STREBEL, Paul. Why do employees resist change? In: STREBEL, Paul. **Harvard business review on change**. Boston: Harvard Business School Publishing, 1998.

VAZ, Paulo. A vida feliz das vítimas In: FREIRE FILHO, João (org.). **Ser feliz hoje**: reflexões sobre o imperativo da felicidade. Rio de Janeiro: Editora FGV, 2010. p. 135-164.

WILSON, Jeanne M.; GEORGE, Jill; WELLINS, Richard S.; BYHAM, William C. **A liderança Zapp!** Estratégias para liderar organizações através de equipes energizadas. Rio de Janeiro: Campus, 1995.

ÍNDICE **GERAL**

Ambientação 59
Aprenda a formular perguntas 52
Arte da pergunta em suspenso, A 53
Atenção à enunciação 53
Atração e seleção (capítulo) 37
Avaliação 86
Avaliação de desempenho (capítulo) 103
Avaliação de desempenho no passado e no presente 122
Capacitação e desenvolvimento (capítulo) 63
Cargos e salários 153
Carreira, cargos e salários (capítulo) 139
Como dar feedback 131
Diagnóstico 77
Dinâmicas de grupo 55
Entrevista 50
Estratégia de capacitação e desenvolvimento 76
Estruturas ou desenhos de carreira 148

Execução 83
Final do processo seletivo 56
Gerenciamento de incidentes e prevenção de fatalidades 204
Gerenciamento de riscos 211
Gerenciamento do processo, O 177
Gestão da mudança organizacional (capítulo) 165
GP e S&S 219
Higiene ocupacional 216
Hora e a vez do modelo de gestão por competências, A 25
Implantação 189
Implantação do sistema 128
Manutenção/estabilização 191
Metodologias para capacitar e desenvolver pessoas 90
Não diga ao entrevistado o que responder 52
Paradigma da capacitação 70
Paradigma do treinamento 67
Pensando no futuro 59
Planejamento 81, 178

Plano de cargos e salários 157

Plano de carreira e instrumentos de gestão de carreira 149

Por que a mudança organizacional é necessária? 168

Por que as mudanças são difíceis? 171

Proteja a outra pessoa 52

Provas de conhecimentos ou de capacidades 56

O que é avaliação de desempenho? 108

O que é desempenho? 105

O que é gestão de pessoas (capítulo) 11

O que envolve o recrutamento de pessoas? 42

O que investigar 54

Reaja às expressões de sentimento 53

Reconheça que todo encontro é emocional 51

Recrutamento externo 45

Recrutamento interno 43

Regra dos três "erres" 54

Respeito e empatia 53

Saúde e segurança do trabalho (capítulo) 199

Sensibilização 184

Sistema integrado de gestão do desempenho 123

Subsistemas de GP, Os 24

Técnicas de seleção de candidatos 49

Tendências atuais 145

Testes psicológicos e de personalidade 55

Trâmites admissionais 57

Transformação da área de GP, A 15

Um passeio pelas eras empresariais 20

Uma diferenciação necessária 66

Universo da S&S, O 202